Studenten- und Hochschul-Knigge [2100]

Studentischer Umgang in und außerhalb der Uni

Horst Hanisch

Dritte Auflage © 2020 by Horst Hanisch, 53173 Bonn

Zweite Auflage © 2016 by Horst Hanisch, 53173 Bonn

Erste Auflage © 2013 by Horst Hanisch, 53173 Bonn

Bibliografische Information der Deutschen Nationalbibliothek: Die Deutsche Nationalbibliothek verzeichnet diese Publikation in der Deutschen Nationalbibliografie; detaillierte bibliografische Daten sind im Internet über dnb.dnb.de abrufbar.

Der Text dieses Buches entspricht der neuen deutschen Rechtschreibung.

Aus Gründen der einfacheren Lesbarkeit wird auf das geschlechtsneutrale Differenzieren, zum Beispiel Mitarbeiter/Mitarbeiterin weitestgehend verzichtet. Entsprechende Begriffe gelten im Sinne der Gleichbehandlung für alle Geschlechter.

Idee und Entwurf: Horst Hanisch, Bonn

Lektorat: Alfred Hanisch, Bonn; Guido Michels, Köln 1. Auflage; Annelie Möskes, Bornheim (ab 2. Auflage)

Buchsatz: Guido Lokietek, Aachen; Horst Hanisch, Bonn

Umschlag: Christian Spatz, engine-productions, Köln; Horst Hanisch, Bonn

Fotos/Zeichnungen: Umschlag: Christian Spatz, engine-productions, Köln; alle anderen Fotos und Zeichnungen: Horst Hanisch, Bonn

Herstellung und Verlag: BOD – Books on Demand GmbH, Norderstedt

ISBN: 978-3-7504-0002-3

Studenten- und Hochschul-Knigge 2100
Studentischer Umgang in und außerhalb der Uni

Inhaltsverzeichnis

Inhaltsverzeichnis

Hinleitung zum Thema

Akademische Ausbildung

Ich bedauere alle Tage meines Lebens,
welche ich nicht dem Nachdenken und dem Studium gewidmet habe.
Man kann seine Fähigkeiten, richtig zu urteilen, nicht genug vervollkommnen,
ebenso wenig die durchdringende Schärfe des Verstandes.
Friedrich II., der Große, preuß. König
(1712 - 1786)

Geistige Elite?

Unter ‚Elite' werden soziologische Gruppen oder Schichten überdurchschnittlich qualifizierter Personen verstanden. ... Zur Zeit der Französischen Revolution wurden mit ‚élite' Personen bezeichnet, die sich (im Gegensatz zu Adel und Klerus) ihre gesellschaftliche Position selber verdient hatten. ... Der Begriff ‚Leistungselite' kennzeichnet die Bildung von Eliten, unabhängig von der jeweiligen sozialen Herkunft. ‚Elite' unterscheidet sich vom Begriff Oberschicht, wiewohl es häufig Schnittmengen gibt."[1]

Studierende an einer privaten Hochschule werden oft als elitär oder als Elite bezeichnet. Zumindest ist richtig, dass sie nicht das Durchschnittsbild der studierenden Bevölkerung spiegeln.

Ein gewisses elitäres Bild zeigt sich möglicherweise dadurch, dass in kleinen Gruppengrößen gearbeitet werden kann, womit der Austausch untereinander und der Austausch mit den Lehrenden verstärkt stattfinden kann.

Da es auch eine Menge Studierender gibt, die aufgrund von Fleiß ein Stipendium erhalten haben und sich nicht zwangsläufig durch den vergleichsweise hohen Studienbetrag finanziell von den Durchschnittsstudierenden abheben, sollen sich die Studenten einer Hochschule klar darüber werden, dass sie innerhalb ihrer Universität wiederum alle gleich viel wert sind.

---

[1] Quelle: GHI 7/8-08

So kommen wir immer wieder auf den Gesamtfaden dieses Buches zurück, dass es egal ist, wer woher kommt oder was seine Eltern bereits geschaffen haben.

Jeder selbst, der die Möglichkeit nutzen kann, an einer privaten Einrichtung zu studieren, zeichnet für sich selbst verantwortlich. Für seine Leistungen und seine Verhaltensweisen, den anderen gegenüber.

Auf dem Weg durch den Hochschulalltag

Die Anforderungen im angestrebten Berufsleben werden immer höher, die Konkurrenz untereinander steigt. Für viele sind die Jahre an der Hochschule wichtige und wegweisende Jahre für das zukünftige Leben.

Gleichzeitig wächst die Bedeutung der sogenannten Soft Skills immer mehr. Das Zwischenmenschliche, der Umgang mit- und untereinander ist nicht zu unterschätzen.

Ministerpräsidentin Hannelore Kraft warnte zu Weihnachten 2012 in einem Interview mit der WAZ, überall könne beobachtet werden, dass Respekt und Anstand verloren gegangen seien. Lassen wir es nicht soweit kommen, beziehungsweise lassen Sie uns dieser Beobachtung gegensteuern. Das gilt für alle in einer Gesellschaft lebenden Menschen.

Da das vorliegende Buch auf Studierende ausgerichtet ist, richten wir hier den Fokus hauptsächlich auf diese Zielgruppe. Sie liebe Studierende, nutzen Sie die Zeit und die Möglichkeiten, die Sie an solch einer Hochschule vorfinden. Beachten Sie die Regeln und achten Sie die Menschen, die (zeitweise) Ihr Leben begleiten.

So soll Ihnen ein Einblick in die Überlegungen und die Vorstellungen Studierender vor und während ihres Studiums gegeben werden.

Praktischer Bezug

Ich selbst durfte seit über 20 Jahren Lehraufträge an verschiedenen privaten (Fach-)Hochschulen in Deutschland und im Ausland erfüllen.

Im Laufe der Jahre erhielten Tausende von Bachelor- und Masterstudierende in überschaubaren Gruppen interaktives Training im Bereich der Soft Skills, der ‚weichen Fähigkeiten'.

So blieb es nicht aus mitzubekommen, welche Befürchtungen und auch Ängste die Erstsemester zeigten, und wie neuartig für die meisten das Arbeiten an der akademischen Einrichtung war.

Dabei war es interessant zu beobachten, welche Entwicklung im Fachlichen der Einzelne erzielen konnte, wie er im sozialen Netz seiner Kommilitonen gestärkt wurde und wie es gelang, das theoretische Wissen ins praktische Berufsleben (zum Beispiel bei Praktika oder in eigen gegründeten Start-Ups) zu transferieren.

Neben deutschen und europäischen Studierenden hatte ich die Chance, mit (Master-)Studenten aus teilweise ‚exotischen' Ländern und von allen Kontinenten arbeiten zu können.

So erfuhr ich von den Bedürfnissen der Internationalen Studierenden, von ihren Herausforderungen in hiesiger Kultur Fuß zu fassen, aber auch von deren kulturellen Verhaltensmustern bei Umgangsformen, im Smalltalk und in der Gesprächsführung, im Zeitmanagement und anderen Bereichen der interkulturellen Kompetenz.

Meine Beobachtungen sowie meine eigenen Erfahrungen, die ich als Dozent sammeln konnte, fließen in den Inhalt des vorliegenden Textes ein.

Im vorliegenden Text treffen Sie weiterhin auf die fiktive Studierende Claudia, die im 3. Semester Bachelor International Business an einer privaten Hochschule studiert. Sie wird Sie, liebe Leserin, lieber Leser durch dieses Buch begleiten.

Claudia und ich wünschen eine glückliche Entscheidung bei der Wahl Ihres Studienplatzes und einen hervorragenden Erfolg während des Studiums.

Horst Hanisch

Teil 1 – Immatrikulation

Überlegungen vor dem Studium

„Wo soll ich studieren?"

Eine wichtige und richtige Entscheidung treffen

Claudia: *„Hallo und einen schönen guten Tag. Darf ich mich vorstellen? Mein Name ist Claudia. Ich studiere International Business an einer privaten Hochschule. Als Abschluss strebe ich den B.A. an, den Bachelor of Arts.*

Die reguläre Studienzeit dauert 6 Semester, also 3 Jahre. Ich studiere nun im 3. Semester. Ich möchte gerne einige Gedanken zum Thema rund um das Studium erläutern, damit Interessierte sich richtig für ihre Studienwahl entscheiden können.

Also los: Wer die Entscheidung erwägt zu studieren, wird mit einer ganzen Menge von Fragen konfrontiert.

Zuerst einmal: Soll es eine staatliche Universität oder eine private Hochschule sein? Beide Varianten haben ihre Vor- und Nachteile, was beispielsweise das Renommee, die internationale Reputation, die Zahl der Studierenden und das Studienangebot betrifft.

Selbstverständlich ist für viele auch die Frage der Kosten zu berücksichtigen, schlagen private Einrichtungen oft mit 3- bis 4-stelligen monatlichen Gebühren zu Buche.

Das Für und Wider abwägen

Ist es reizvoll, die nächsten 3 Jahre in einer pulsierenden Großstadt wie Köln zu verbringen oder doch lieber einen Studienplatz zu finden, der in einem ruhigeren Umfeld gelegen ist?

Lässt sich ein Interessierter von Bewertungen im Internet beeinflussen, hat er Bekannte, die selbst studiert haben und Tipps geben können oder wählt er nach dem Ruf der Uni aus?

Wie viele Preis- oder vielleicht sogar Nobelpreisträger brachte die Universität hervor? Hat sie beeindruckende Forschungsergebnisse vorzuweisen? Gehört sie gar zu den sogenannten Exzellenz-Universitäten?

Wie ihr seht, gibt es eine Menge verschiedene Überlegungen zu bedenken.

Vor der Aufnahme meines Studiums interessierte mich besonders: Gibt es namhafte Professorinnen, Professoren oder Dozenten am Standort, die auf lesenswerte literarische Veröffentlichungen verweisen können?

Fanden in der Vergangenheit bemerkenswerte Gastlesungen mit hörenswerten Gastlesern statt?

Kann in Erfahrung gebracht werden, mit welchen Partner-Universitäten der mögliche Favorit zusammenarbeitet? Soll, darf oder muss ein Auslands-Semester absolviert werden?

Nun lasst uns mal gedanklich das Gebäude betreten.

Wie ist die Ausstattung vor Ort; die Hörsäle, Vorlesungsräume, Unterrichtsräume, Labore und sonstige Arbeitsflächen? Stehen genügend Studierenden-Lounges, Besprechungszimmer, Arbeitsräume sowie Ruhezonen zur Verfügung?

Wie sieht es mit der digitalen Technik aus? Ist die Universität auf dem höchsten und modernsten Stand?

Welche Möglichkeiten gibt es, mit den Professorinnen und Professoren in Austausch zu treten? Welche Hilfestellungen werden bei der Praktikumssuche angeboten?

Der volle Bauch

Meine Oma sagte immer: ‚Ein voller Bauch studiert nicht gerne'. Deshalb muss für das leibliche Wohl gesorgt sein. In kurzer Zeit muss nicht nur ein schmackhaftes, sondern auch ein gesundes und nicht zu schwer im Magen liegendes Essen genossen werden können.

Deshalb gibt es auch hierzu einige Fragen zu überlegen. Bietet die Mensa, die Kantine oder das Restaurant ein gesundes und abwechslungsreiches Speisen- und Getränkeangebot an? Werden Veganer, Vegetarier, Diät-Wählende ein ansprechendes Angebot vorfinden? Werden religiös bedingte und entsprechend zubereitete Gerichte angeboten? Stimmt das Preis-Leistungsverhältnis?

Was will ich studieren?

Bei allen Überlegungen ist selbstverständlich zu klären, welches Studienfach gewählt werden soll. Welche Fachrichtung entspricht den individuellen Vorstellungen? Welche Spezialisierungen finden Vorlieben? Aktuell gibt es etwa 20.000 Fächer, unter denen ihr auswählen könnt.[2]

Neben dem reinen Studium gibt es auch das Angebot außerhalb klassischer Vorlesungen und Kurse. Welche Möglichkeiten gibt es hier?

Wie sieht es mit sportlichen, kulturellen und gesellschaftlichen, freiwilligen Zusatzkursen oder -Seminaren aus?

Liebe zukünftige Studierende, es lässt sich erahnen, dass eine ganze Reihe von Überlegungen anstehen, bevor die Entscheidung gefällt werden kann.

Mancher ist damit überfordert. Also rechtzeitig anfangen zu überlegen, um die optimalen Konditionen vorzufinden. Wie ist vorzugehen?

Tag der Offenen Tür

Wer gründlich recherchiert, tut gut daran, an einem Tag der Offenen Tür teilzunehmen.

Es lohnt sich, in verschiedene Unterrichtsräume zu schauen. Sind die Räume gepflegt und ergonomisch gut ausgestattet? Das Gespräch mit einem zurzeit Studierenden lohnt sich, kann er sich doch aufgrund des Alters gut in eure Bedürfnisse hineinversetzen.

Außerdem dürfte es nicht allzu lange her sein, als er sich selbst Gedanken über seinen Studienstandort machte.

---

[2] Quelle: CHE, Centrum für Hochschulentwicklung, Oktober 2019

Der Kontakt mit einem Beschäftigten offenbart oft auch, wie wertgeschätzt der zukünftige Studierende angesehen ist. Wenn es möglich ist, würde ich mit einem Professor oder einer Professorin über den gewünschten Studiengang reden.

So könnte ich erfahren, wie die Vorlesungen aufgebaut sind, welche Erwartungshaltung an mich gestellt würden und welche Perspektiven der Abschluss in dieser Art bringen könnte.

Und noch ein Tipp: Weshalb nicht als Hospitant, als Gasthörer, einmal an einer Vorlesung teilnehmen? Da stellt sich am besten das Gefühl ein, wie das Studium praktisch ablaufen könnte.

Theorie und Praxis

Natürlich ist nicht zu unterschätzen, dass ein professionelles Marketing mancher (Privat-)Uni hervorragend arbeitet und dadurch die Universität ausgezeichnet dastehen lässt.

Also aufpassen! Die Praxis wird zeigen, inwieweit sie der Theorie entspricht.

Immerhin bindet die Realität den Studierenden je nach Studienwahl für 3 Jahre, beim Master-Studiengang für 1 bis 2 Jahre. Obwohl das eine überschaubare Zeit darstellt, kann sie zur Qual werden, wurde die falsche Entscheidung getroffen.

Natürlich lässt sich später wechseln, wobei zusätzlich Kosten und gegebenenfalls auch ein Zeitverlust entstehen werden.

Deshalb heißt es, sich sehr gut zu überlegen, bevor die Unterschrift unter einen Vertrag gesetzt wird. Je besser recherchiert und überlegt wird, desto höher ist die Wahrscheinlichkeit, eine wunderbare und für die Zukunft wichtige Studienzeit erleben zu können.

Guten Erfolg wünscht Eure Claudia."

Wenige Wochen vor dem Studienbeginn

Ich finde eine gewisse Freiheit auf Universitäten den Jünglingen äußerst nötig.
Immanuel Kant, dt. Philosoph
(1724 - 1804)

Immatrikulation

Ihre Schulzeit geht zu Ende oder ist bereits abgeschlossen. Nun wenden Sie sich einem neuen Lebensabschnitt zu. Vielleicht beginnen Sie direkt nach Schulabschluss mit dem Studium, oder Sie gönnen sich noch eine Auszeit zuvor. Wer es sich leisten kann, unternimmt eine längere Reise, belegt ein sogenanntes Freiwilliges Jahr oder wird für ein paar Monate ehrenamtlich tätig.

Die Universität, an der Sie studieren wollen, erwartet mehrere Unterlagen wie eine Kopie des Personalausweises, den Nachweis bestimmter Versicherungen, Zugangsberechtigungen und vieles andere mehr. Nach Prüfung aller eingereichten Unterlagen können Sie zugelassen werden.

Das Einschreiben an der Universität heißt Immatrikulation (lat. ‚in‘ für ‚hinein‘ und ‚matricula‘ für ‚Matrikel‘ [Personenverzeichnis]). Ab diesem Augenblick dürfen Sie die Einrichtungen und Angebote einer Hochschule benutzen.

Sie erhalten eine Immatrikulation-Nummer, die Sie Ihre komplette Studienzeit begleiten wird. Unter anderem finden Sie sie auf Ihrem Studentenausweis.

Ab sofort sind Sie ein Teil der Universität. Sie steigen ein als Erstsemester, Erstsemestler, Erstsemestrige oder einfach auch nur als Ersties. Alle Formulierungen sind positiv besetzt.

Willkommen zu Ihrer akademischen Ausbildung an der Uni!

Präsidium und Fakultät

An der hierarchischen Spitze der Universität steht der Kanzler oder der Präsident, der Rektor. Zu besonderen Anlässen wird er als Magnifizenz (lat ‚rector magnificus‘) angesprochen. Sein Stellvertreter ist der ‚Honorabilis‘.

Neben dem Präsidium gibt es die Fakultäten, die verschiedenen Fachrichtungen; Fakultät lat. ‚facultas‘ gleich ‚Vermögen, Vollmacht‘.

Ihnen steht ein Dekan (eine Dekanin) vor.

Was ist vor der Aufnahme des Studiums zu bedenken?

„Hurra! Ich habe eine Zusage für meine Wunsch-Uni! Das ist ja toll. Nun steht mir nichts mehr im Wege. Noch wenige Wochen und es geht los. Aber halt! Woran muss ich denken?"

Immer wieder passiert es, dass Studierende fast ‚blauäugig' zu ihrem neuen Studienort wechseln, ohne sich vorher überlegt zu haben was es alles zu regeln gibt. Und zwar Aufgaben, die nicht direkt etwas mit der Uni zu tun haben.

Einer der vorrangigen Punkte wird ganz sicherlich sein, ein Zimmer in einer WG oder eine eigene Wohnung zu finden. In den klassischen Universitäts-Städten sind Hunderte, ja Tausende junger Menschen auf der Suche nach einer vernünftigen Bleibe. Darüber freuen sich die Vermieter.

Die Nachfrage ist ungeheuer, die Mietpreise steigen und steigen. Es gilt schon lange nicht mehr als Ausnahme, nur eine/r von einer 3-stelligen Anzahl an Bewerbern für eine Wohnung zu sein.

Plötzlich findet sich der Suchende inmitten einer großen Gruppe anderer junger Menschen, die dasselbe Ziel haben wie er selbst.

Letzthin äußerte gerade ein Kandidat in einem Fernsehinterview: „Ich mach mich nackig hier." Er meinte damit, dass er neben einer SCHUFA-Auskunft zig andere Unterlagen mitbringen musste, um überhaupt eine Chance zu erhaschen, in den großen Kreis der Bewerber aufgenommen zu werden.

Kampf um einen Wohnplatz

Die Wochen vor Erstsemesterbeginn entsprechen mittlerweile regelrechten Kämpfen um einen Wohnplatz.

Glücklich nennt sich dann auch noch derjenige, der in einer, sagen wir mal ‚Notunterkunft', unterkommt. Dumm für denjenigen, der zu Beginn des Semesters noch keinen Unterschlupf gefunden hat.

Diejenigen, die in der glücklichen Lage sind, dass ihnen die Eltern eine Immobilie erstehen können, befinden sich in bestimmten Städten Deutschlands ebenso in einem Verdrängungswettbewerb.

Einige weichen in die Nachbarstädte aus, verbunden mit einem entsprechenden Zeitaufwand für die Hin- und Rückfahrt zur Uni.

Geschickt ist derjenige, der im Vorfeld schon ein gewisses Netzwerk rund um die Uni aufgebaut hat und somit – zumindest als letzten Strohhalm – vorübergehend bei einem Kommilitonen unterkommen darf. Die Suche nach einer Wohnung frisst neben Kaution, Miete, gegebenenfalls Neumöblierung viel Energie, Zeit und Geld.

Dummerweise hat nicht jeder Studierende ein halbes Jahr oder mehr Zeit, sich eine Wohnung zu suchen, da er die Zusage zu seinem Studienplatz relativ kurzfristig erhalten hat.

In Köln hilft die ASTA Allgemeiner Studierendenausschuss) notfalls mit einer Notschlafstelle. Manchmal ist diese in einem größeren Kellerraum untergebracht. Für mehrere Studenten sind (aufblasbare) Matratzen ausgelegt.

Claudia: *„Aufpassen, liebe zukünftige Kommilitonen! Eine Unterschrift unter einem Vertrag gilt. Nicht immer ist es einfach und schnell möglich, aus einer festen Vertragsbindung auszutreten.*

Deshalb auch Kleingedrucktes im Vertrag lesen. Am besten von einer Vertrauensperson oder einem Elternteil lesen lassen, damit es später keine bösen, nervenraubenden und teuren Überraschungen gibt."

Netzwerk aufbauen

Wie oben schon angedeutet, kann es vorteilhaft sein, sich rechtzeitig in das Netzwerk der Uni einzuklinken. Suchen Sie den Kontakt zu aktuell Studierenden, die eventuell ein Semester im Ausland verbringen wollen. So wäre Ihnen zumindest für wenige Monate eine Unterkunft sicher.

Oft gibt es an der Universität selbst Beschäftigte, die bei der Wohnungssuche behilflich sind. Allerdings können sie auch nur auf Vorhandenes zurückgreifen. Nutzen Sie die Chance des Kontaktes zu diesen Personen, da sie sich mit den regionalen Gegebenheiten besser auskennen.

Es ist natürlich wunderschön, eine großräumige Wohnung zu bewohnen.

Wenn Sie aber feststellen, dass die infrastrukturelle Anbindung suboptimal ausfällt, kommen Sie möglicherweise in ein neues Dilemma. Mit dem Auto zur Uni fahren? Ewig einen Parkplatz suchen? Teure Parkgebühren investieren (oder ‚schwarzparken', da Knöllchen manchmal günstiger erscheinen)?

Oder doch lieber auf den öffentlichen Nahverkehr zurückgreifen? Wie ist die Verbindung zwischen Uni und Wohnort? Fahren auch noch spät abends Bahnen oder Busse?

Wenn Sie sich in Zukunft auch außerhalb der studentischen Arbeiten engagieren wollen, sollten Sie die Möglichkeit haben, problemlos – auch spät abends – zu Ihrem Wohnort zu kommen. Aufgrund der Lage eines Wohnortes soll das studentische Engagement nicht leiden.

Kosten und Nebenkosten

Nicht zu unterschätzen: das Finanzielle. Natürlich ist Ihnen klar, dass Sie einen monatlichen Betrag an die zukünftige Uni bezahlen werden. Dieser Betrag schwankt zwischen einigen 100 Euro und bewegt sich bis in den 4-stelligen Bereich. Haben Sie einen entsprechenden finanziellen Hintergrund?

Haben Sie BAföG beantragt oder gewähren Ihnen Ihre Eltern oder andere Verwandte ein günstiges Darlehen? Oder bietet Ihnen die Universität ein entsprechendes Darlehen an? Wollen Sie nebenher jobben, um Ihre Finanzen aufzubessern? Können Sie Ihren Job problemlos mit dem zukünftigen Stundenplan koordinieren? Sind Sie körperlich fit genug, um die Doppelbelastung Job und Uni durchzustehen?

Monatliche Nebenkosten

Neben den monatlichen Kosten für Ihre Wohnung und die Universität fallen noch andere Ausgaben an, an die Sie im Vorfeld möglicherweise überhaupt nicht denken. Welche Versicherungen brauchen Sie in Zukunft? Welche Kosten entstehen Ihnen für den Unterhalt eines PKW oder für die Monatskarte des öffentlichen Verkehrs? Haben Sie das Vertragliche mit einem Stromanbieter gut überlegt?

Sehr wahrscheinlich wollen Sie auch etwas essen und trinken. Nicht nur das, was in der Mensa verbraucht wird, schlägt zu Buche.

Bestimmt wollen Sie auch ausgehen und das abendliche Szene- und Kneipen-Leben genießen. Dann und wann ist auch mit dem Besuch eines Clubs oder einer Diskothek zu rechnen, eines Konzertes oder einer anderen kulturellen Veranstaltung. Und natürlich wollen Sie ja auch einmal mit Ihren Kommilitonen und Kommilitoninnen zusammen essen gehen.

Da Sie sich entschieden haben, einen akademischen Weg einzuschlagen, wird von Ihnen auch die Lektüre wissenschaftlicher Arbeiten, internationaler Presse oder empfohlener Fachbücher erwartet.

Vieles davon können Sie in der Bibliothek einsehen oder ausleihen. Manches ist auf dem elektronischen Wege zu erstehen. Aber eine Menge wird trotzdem noch in Papierformat benötigt. Und ein Fachbuch kann ein kleines Loch in die Haushaltskasse sprengen.

Eine gute Universität bietet auch gemeinsame Ausflüge zu Unternehmen und Instituten an, um den Input aus der Praxis zu unterstützen. Hin und wieder steht auch ein gemeinsamer Ausflug (Skifreizeit oder ähnliches) an. Auch hier ist mit Zusatzkosten zu rechnen.

Nebenjob

So freut es den Studierenden, dass in den Universitäts-Städten an vielen Stellen eine studentische Aushilfskraft gesucht wird. Sei es im Handel, in der Gastronomie, bei großen Unternehmen, am Flughafen und bei anderen interessanten Arbeitgebern.

Viele dieser Arbeitgeber sind auf die zeitlichen Herausforderungen (Stundenplan) der Studierenden eingestellt und bieten flexible Arbeitszeiten.

Diese berufliche Tätigkeit lenkt ein wenig vom strengen Uni-Alltag ab und lässt den Einblick ins Berufsleben zu.

Allerdings soll nicht unterschätzt werden, dass der Nebenjob Energie kostet, die möglicherweise beim Lernen fehlt.

Eine gute Abwägung, wie viel Zeit in das Geldverdienen gesteckt wird, tut not und vermeidet spätere Nachteile im Studium.

Studierende besuchen und kennenlernen

Abgesehen von entstehenden Kosten müssen Sie sich zeitnah ummelden, einen Studenten-Ausweis beantragen und anderen gesetzlichen Voraussetzungen folgen.

Nehmen Sie sich die Zeit und fahren an Ihren zukünftigen Studienort. Lernen Sie die Stadt kennen, das Angebot, das diese für Sie bereithält und erledigen, was Sie bereits erledigen können.

Nehmen Sie Kontakt mit Studierenden älterer Semester auf (zum Beispiel über die sozialen Netzwerke) oder, wenn es möglich ist, mit Ihren zukünftigen Kommilitonen. Gemeinsamkeit macht stark und gemeinsam lässt sich manch eine Herausforderung leichter meistern.

Insgesamt lässt sich zusammenfassen: Ein Studium ist toll, die Zusage zu einem gewünschten Studienplatz an einem bevorzugten Studienort noch toller.

Fangen Sie rechtzeitig im Vorfeld damit an, sich Gedanken darüber zu machen, wie alles Organisatorische geregelt wird, damit Sie zu Studienbeginn den Kopf frei haben für andere Dinge.

Es wird unglaublich viel Neues auf Sie zukommen, die Erwartungshaltungen an Sie wirken teilweise unglaublich auf Sie. Hier brauchen Sie alle Energie.

Wer möglichst stressfrei in sein Studium einsteigen kann, hat die besten Voraussetzungen dafür, einen erfolgreichen Abschluss zu erzielen.

Claudia: *„Liebe angehende Erstsemester. Hoffentlich seid ihr nun nicht erschlagen von den vielen aufgelisteten Punkten. Für einen jungen Menschen scheint eine erschreckend große und scheinbar unüberwindbare Welle an Aufgaben auf ihn zuzukommen.*

Lasst euch nicht entmutigen. Alles ist machbar! Eines nach dem anderen ist abzuarbeiten. Tausende anderer Studenten vor euch haben die Herausforderungen mehr oder weniger gut bewältigt.

Sind alle notwendigen Schritte erledigt, lässt sich bequem zurücklehnen und weitestgehend sorgenfrei dem Semesterbeginn entgegensehen.“

Der erste entscheidende Eindruck

Die Erscheinung ist vom Betrachter nicht losgelöst,
vielmehr in die Individualität desselben verschlungen und verwickelt.
Johann Wolfgang von Goethe, dt. Dichter
(1749 - 1832)

„Wie sehen mich die anderen?"

Claudia: *„Irgendwann ist es soweit. Der erste Unitag steht an. Das Herz klopft und der Neue mag sich denken ‚Auf wen werde ich treffen?'. Oder: ‚Wie sehen mich die anderen? Akzeptieren die mich? Finde ich Freunde?'*

Keiner kann voraussehen, wie sich in kürzester Zeit die ersten, zaghaften Kontakte aufbauen. Macht euch bewusst, dass der erste Eindruck entscheidend ist. Er stellt unter Umständen die Weichen für die nächsten drei Jahre, eventuell für die Zukunft.

Wie lange braucht es, einen ersten Eindruck zu vermitteln? Nun, kaum zu glauben – im Schnitt nur 7 Sekunden! Dann ist das erste, prägende Bild gegeben. Eine zweite Möglichkeit für den ersten Eindruck gibt es nicht mehr.

Keine Angst, liebe Erstis, der erste Tag ist der Beginn eines guten, neuen Weges, den ihr gewählt habt. Nur Mut!"

Ein kleiner Augenblick entscheidet

Unglaublich! In maximal 7 Sekunden bildet sich der Mensch einen ersten (subjektiven) Eindruck.

Die Eindrücke, die hierbei vermittelt werden, bleiben oft lange, eventuell monate- oder jahrelang bestehen.

Ist der erste Eindruck negativ, so wird es die betreffende Person schwierig haben, überzeugend auftreten zu können.

Deshalb bereitet es vielen Erstsemestern ja solche Schwierigkeiten, bei der Wahl ihrer Kleidung das Passende für den ersten Tag zu finden.

Zwei große Bereiche bestimmen den ersten Eindruck: Das sind die realen Betrachtungen und die persönlichen Komponenten.

Reale Betrachtungen

Unter realen Betrachtungen werden Dinge verstanden, die tatsächlich wahrnehmbar sind. Dazu zählen:

- Der Körperbau (athletisch, groß, klein, schmächtig, dick).

- Das Auftreten (tatsächlich [zum Beispiel schwere Schritte], hörbar, leise, zurückhaltend, fordernd).

- Die Mimik, das sind die Gesichtszüge (lächelnd, starr, traurig, misstrauisch).

- Die Gestik, das sind die Arm- und die Beinbewegungen (eng anliegend, weit ausholend).

- Die Körpersprache, das ist der kompletter Einsatz des Körpers (Einsatz und Bewegung von Armen und Beinen, des Kopfes, der Mimik).

- Der Standort, an dem sich der Mensch befindet.

- Die Distanz zum Gesprächspartner (naher oder weiterer Abstand zueinander).

- Die Haltung (gebeugt, aufrecht).

- Der territoriale Anspruch. Das ist der Platz, der zum Beispiel durch die eingesetzte Gestik eingenommen wird.

- Die Bewegung (steif, lebhaft).

- Der Gang (kurze, lange Schritte, schaukelnd, stramm).

- Die Art zu sitzen oder zu stehen.

- Und anderes mehr.

Weitere Kriterien beeinflussen den ersten Eindruck:

- Die Augenfarbe.

- Die Hände und Fingernägel (Pflege, Farbe).

- Die Frisur und die Haare (Farbe, Länge, Pflege; gekräuselt, glatt).

- Das Make-up (oder auch keines; die Persönlichkeit unterstreichend versus aufdringlich).

- Die Schuhe (passend, gepflegt, modern, klassisch).

- Statussymbole (Fahrzeug, Smartphone).

- Der Duft, Parfum, Geruch (die Persönlichkeit unterstreichend, übertrieben).
- Die Kleidung (zeitgemäß, konservativ, gepflegt, die Farbe, passend zum Anlass, zum Typ, zur Jahreszeit, zum Ort und so weiter).
- Der Schmuck (aufdringlich, passend).
- Die Tasche (Leder, Plastik, Jute).
- Accessoires wie Arbeitsmappe, Schreibstift (hochwertig, preisgünstig).
- Die Brille (die Persönlichkeit unterstreichend oder auffallend).
- Und weiteres.

Nicht umsonst heißt es: „Kleider machen Leute." In der Auflistung ist deutlich zu sehen, dass es nicht nur die Kleidung ist, die das Gegenüber beeinflusst, sondern viel viel mehr.

Persönliche Komponenten

Zu den realen Betrachtungen kommen die sogenannten ‚persönlichen Komponenten'. Hier lässt sich gut zwischen Komponenten aus eigener Einstellung gesehen unterscheiden und jenen, die von der anderen Person ausgehen.

Betrachten wir zuerst Komponenten, die von uns aus Einfluss nehmen, wie etwa

- Die eigenen Gefühle, die eigene Tagesstimmung (gut gelaunt, verärgert).
- Persönliche oder eigene Erfahrungen, die früher gemacht wurden.
- Erinnerungen an ähnliche Personen.
- Moralvorstellungen – was darf ein Mensch, was darf er nicht?
- Ethische Ansprüche.
- Wertmaßstäbe – worauf lege ich besonders viel Wert? (zum Beispiel Menschenrechte, Umweltschutz, Nachhaltigkeit).
- Die generelle Einstellung zu anderen Menschen.
- Erwartungshaltungen an andere Menschen.
- Typologie, das sind Vorurteile (Schubladendenken).
- Andere.

Wenden wir uns nun den Komponenten zu, die von der anderen Person, der betrachteten, ausgehen, wie:

- Das Auftreten (bildlich).
- Das Charisma, die nicht greifbare Ausstrahlungskraft der Person.
- Das Selbstbewusstsein.
- Empfundene Wärme oder Kühle.
- Herzlichkeit.
- Zeitgemäße Umgangsformen.
- Menschlichkeit.
- Selbstsicherheit.
- Aura (Wirkung eines Menschen).
- Auch hier gibt es noch andere.

Es lässt sich erkennen, dass reale Betrachtungen und persönliche Komponenten zusammengenommen den ersten Eindruck entstehen lassen.

Claudia: *„Das sind viele Punkte, oder? Die Auflistungen sind bestimmt nicht vollständig, aber sicher ausschlaggebend. Vielleicht gibt es hunderte Kriterien, die den ersten Eindruck beeinflussen.*

Macht euch bewusst, dass immens viele Komponenten in kürzester Zeit auf den Betrachter einwirken.

Auch wenn jemand behauptet, er ließe sich von solchen Sachen nicht beeinflussen, wird das in der Praxis wohl unmöglich sein. Schließlich sind wir Menschen und keine Maschinen.

Vergesst bei all den Überlegungen nicht, dass der gewonnene Eindruck bei zwei Personen in beide Richtungen läuft.

Jeder der beiden empfängt die Signale des anderen und wertet sie (meist) unbewusst.

Es grenzte an ein Wunder, wäre der erste Eindruck immer richtig. Deshalb kann es sein, dass nach mehreren Tagen oder Monaten das Bild einer anderen Person ‚kippt'.

Das merkt ihr dann, wenn ihr beispielsweise denkt: ‚Das hätte ich von dem nie gedacht.'

Zeigt die innere Bereitschaft, positives im anderen Menschen zu sehen. Jeder hat sicher Stärken, jeder ist gleich viel wert."

Um fair miteinander umzugehen, schlagen wir vor: Egal wie ein Mensch aussieht, geben Sie ihm erst eine Chance, sich zu entwickeln.

Beispiel: Ein neuer Student kommt während des Semesters in die Vorlesung. Wie verhalten Sie sich ihm gegenüber?

Jede und jeder andere soll die Möglichkeit haben, wirklich zu zeigen, was er oder sie kann.

Geben Sie jedem und jeder diese Möglichkeit!

Wirkung auf andere

„Ist mir doch egal, was ein anderer von mir denkt", mag jemand denken.

Natürlich kann es Ihnen ‚an sich' egal sein, wie Sie auf andere Menschen wirken.

Im tatsächlichen (Arbeits- und Uni-)Leben bringt es allerdings meistens Vorteile, wenn Sie auf andere Menschen möglichst positiv wirken. Und zwar vom ersten Augenblick an, so etwa:

- Während des Assessment Days zum Auswahlverfahren.
- Am ersten Studientag.
- Im Bewerbungsgespräch bei der Bewerbung um einen Praktikumsplatz oder später um einen Arbeitsplatz.
- Beim Praktikum.
- Bei einer Kreditaufnahme bei der Bank.
- Wenn Sie jemanden kennenlernen möchten.

Kleidung, in der Sie sich wohlfühlen

Natürlich müssen Sie sich nicht in Kleidung zwängen, in der Sie sich absolut nicht wohl fühlen.

Dazu wurden weiter oben viele Komponenten aufgelistet. Trotzdem: Ihre Kleidung – speziell bei etwas formaleren (vorschriftsmäßigen) Anlässen – sollte sein:

- Sauber im Sinne von gepflegt.
- Passend zu Ihrer eigenen Persönlichkeit.
- Passend zum Anlass.
- Passend zur Zielgruppe.
- Passend zum Ort.
- Und trotz allem so, dass Sie sich in Ihrer Kleidung wohl fühlen.

Wenn Sie diese Punkte berücksichtigen, werden Sie sehr wahrscheinlich mit sich selbst zufrieden sein und somit einen guten Eindruck hinterlassen, da Sie entsprechend selbstsicher auftreten.

Und noch ein kleiner Nebeneffekt: Sie fühlen sich gut!

Teil 2 – Studentisches Umfeld auf dem Campus

Studentisches Umfeld

Verhalten an der Fach-Hochschule

Nicht um zu studieren leben wir, sondern wir studieren, um angenehm leben zu können.
Erasmus von Rotterdam, holl. Geologe
(1469 - 1536)

Gegenseitige Achtung

Aus Sicht der Universität gilt: Egal ob Lieferant, Kunde, Geschäftspartner oder Verkäufer – alle Gesprächspartner sind gleichzeitig mögliche Kontakte zu zukünftigen Studenten.

Diese Überlegung gilt damit auch für die aktuell Studierenden. Besucher sollen sich an der Hochschule wohlfühlen und zufrieden sein. Deshalb verhält sich geschultes Personal ihnen gegenüber so, wie es sich gewöhnlicherweise Gästen gegenüber verhalten würden, nämlich freundlich und aufmerksam.

Das gilt auch in umgekehrter Richtung. Jeder Beschäftigte, jeder Praktikant und Auszubildende, jeder Professor und jeder Dozent hat dasselbe Recht darauf, freundlich und aufmerksam behandelt zu werden.

Die Mentalität mancher Studierender „Ich bezahle – also können die springen" ist sicherlich unangebracht. Die Überlegung, dass das bezahlte Geld den unschönen Umgang mit anderen rechtfertige, kann als Kolonial-Denken angesehen werden.

Von beiden Seiten kann zumindest ein freundlicher und sich gegenseitig achtender Umgang erwartet werden. Vielleicht ist gerade die gegenseitige Achtung eine mögliche Stärke einer privaten Hochschule.

Tragen Sie dazu bei, Wertschätzung zu leben und die anderen als ‚Mensch' zu achten.

Ein jeder kann dazu beitragen, dass jedmögliche Schwierigkeit oder Herausforderung mit wenig Stress und deutlich zielorientiert gelöst werden kann.

Helfen Sie mit, dass die paar Jahre, in denen sich die Lebensläufe der genannten Personengruppen kreuzen, für alle so angenehm wie möglich verlaufen.

Zum Beispiel:

- Gehen Sie freundlich aufeinander zu.
- Schaffen Sie eine positive Gesprächs-Atmosphäre.
- Nehmen Sie Ihren Gesprächspartner ernst.
- Hören Sie Ihrem Gesprächspartner aufmerksam zu.
- Lassen Sie Ihr Gegenüber ausreden.
- Geben Sie ihm die Möglichkeit, Fragen zu stellen.

Durch die gegenseitige Wertschätzung ergibt sich meist schon eine angenehme Atmosphäre, in der sich gerne und gut arbeiten und studieren lässt.

Die Gruppe macht stark

Es ist ein natürliches Bedürfnis des Menschen, soziale Bindungen einzugehen.

Demnach spricht überhaupt nichts gegen eine Gruppenbildung – im Gegenteil.

Allerdings: „Die Gruppe macht stark!". Nicht jeder ist von Natur aus ein kräftiger, starker, selbstbewusster Mensch. Im Schutz der Gruppe kann er sich allerdings sicher fühlen. Diese Sicherheit bewirkt, dass er stark werden kann.

Befinden und bewegen Sie sich innerhalb einer Gruppe, können Sie mehr oder weniger alles tun und lassen, was Sie wollen – solange Sie nicht die internen Spielregeln verletzen.

Der US-amerikanischer Psychologe Solomon Asch (1907 – 1996) zeigte schon im Jahre 1956 in einer interessanten Versuchsreihe, dass fast 75 % aller Testkandidaten innerhalb einer Gruppe eine vorgegebene Meinung annehmen (auf den Versuch wird später eingegangen).

Solomon Asch stellt in seinen Versuchen den sozialen Einfluss und Gruppenzwang dar. Bekannt ist die Neigung der Gruppenangehörigen, die Meinung und das Verhalten der Gruppe anzunehmen.

Aufgrund dieses Einflusses und des Gruppenzwangs geschieht es tatsächlich, dass die eben erwähnten 75 % zum Teil wider besseren Wissens ein Verhaltensmuster annehmen, welches sie außerhalb der Gruppe ablehnen würden.

Einer alleine geht selten brüllend durch die Straßen. Sobald mehrere fröhliche Zecher unterwegs sind, kann es schon deutlich lauter werden.

Unternimmt ein Sportverein einen gemeinsamen Ausflug, ist das beschriebene Bild öfter anzutreffen.

Stehen Schüler und Schülerinnen gemeinsam an der Bahnstation, kann es zu vergleichbaren Situationen kommen. Die anderen Reisenden wären sehr wahrscheinlich froh, hätten sie jetzt gute Ohrstöpsel.

Natürlich kann es vorkommen, dass eine kritische Konfliktsituation entsteht. Konflikte sollten nicht eskalieren, sondern schnellstmöglich beigelegt werden. Regen Sie sich nicht sofort lautstark über Ihrer Meinung nach Unschönes auf. Reflektieren Sie zuerst, in welchem Maße die Situation wirklich einer (verbalen) Aggression benötigt.

Vielleicht ist es Ihnen auch schon einmal so ergangen, dass Sie sich in einer Gruppe anders verhalten haben, als Sie ,eigentlich' wollten.

Viele Menschen berichten, dass sie auf diese Art und Weise ihre ersten Zigaretten geraucht haben. Andere erzählen, dass sie in einer solchen Situation zum ersten Mal betrunken waren. Wieder andere hatten aufgrund des Gruppendrucks ihre ersten Kontakte mit Drogen.

Es ist nicht Ziel und Aufgabe hier zu entscheiden, was gut oder schlecht ist. Jeder und jede soll selbst entscheiden.

Hier soll lediglich darauf aufmerksam gemacht werden, dass das Verhalten in einer Gruppe anders sein kann. Rücksichtnahme auf andere und insbesondere auf Nicht-Gruppenmitglieder – damit wird der gute Umgang unter Beweis gestellt.

Konformität – Nur nicht auffallen!

Betrachten wir in diesem Zusammenhang das (vereinfacht dargestellte) Experiment von Solomon Asch, der zum Thema konformes Verhalten Untersuchungen anstellte.

Als Ergebnis der Versuche wurde festgehalten, dass der soziale Einfluss auf ein Verhalten deutlich erkennbar ist. Der Mensch neigt dazu, die Meinung oder das Verhaltensmuster anderer (Gruppen-)Mitglieder anzunehmen – wohlgemerkt, obwohl er bemerken kann, dass diese Meinung nicht korrekt ist.

Das Experiment von Solomon Asch

Asch platzierte sieben bis neun Personen, so wie abgebildet nebeneinander.

Tatsächlich war nur eine Person eine echte Versuchsperson (die an vorletzter Stelle saß), die anderen waren eingeweiht, was die echte Versuchsperson natürlich nicht wusste.

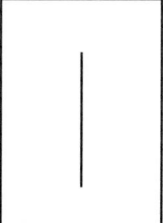 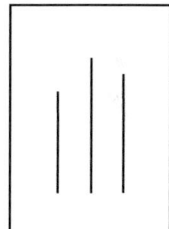

Asch zeigte der Reihe nach den Teilnehmern eine Karte mit der Standard-Linie und eine Karte mit drei Vergleichslinien.

Die Teilnehmer sollten nun die Linie benennen, die dieselbe Länge hatte wie die Standard-Linie. Die eingeweihten Mitspieler benannten absichtlich eine <u>falsche</u> Vergleichs-Linie.

Das überraschende Ergebnis:

- Ca. 37 % – 45 % der tatsächlichen Versuchspersonen nehmen die falsche Meinung an.
- Ca. 30 % nehmen die falsche Meinung immer an.
- Ca. 25 % nehmen die falsche Meinung nie an.

Überraschend oder gar erschreckend? Drei von vier Versuchspersonen nahmen die Meinung an, die andere vorgaben. Nur jeder Vierte war stark genug, seine eigene Meinung kundzutun. Weshalb kommt es zu diesem eigenartigen Ergebnis? Mögliche Auslegungen zu diesem Verhalten:

- Angst, sich zu blamieren
- Zweifel an sich selbst
- Mangelndes Selbstbewusstsein
- Angst aus der Gruppe ausgeschlossen zu werden

- Bequemlichkeit, um mögliche Diskussionen zu vermeiden
- Herdentrieb
- Gruppenzwang – keiner will auffallen

Es sieht so aus, als sei es in den meisten Fällen bequemer, sich dem Verhalten der anderen anzupassen. „Wenn viele sich so verhalten, wird es schon in Ordnung sein."

Sehr bequem sogar und relativ gefahrlos, da Mann/Frau sich ja in der Meinung der Allgemeinheit – und damit der scheinbaren Mehrheit – verstecken kann.

Da sich vergleichbare Situationen ständig, fast täglich, in verschiedener Weise wiederfinden, wird im Lauf der Jahre und des Lebens das Verhaltensmuster, das Bild, das jemand von jemandem hat, immer deutlicher (aber nicht unbedingt stimmiger, wie die oben aufgeführte Versuchsreihe zeigt).

Zeigen Sie Profil! Überlegen Sie sich gut, ob Sie sich tatsächlich konform verhalten wollen.

Aus den gezeigten Verhaltensmustern entwickelt sich eine ‚Rolle', die gelebt oder gespielt wird. So kommt es – ruck zuck – zu geschlechtstypischem Rollenverhalten: Mädchen spielen mit Puppen, Jungs mit Autos. Fertig!

Aus einer (scheinbar) subjektiven Wahrnehmung wurde eine subjektive Wahrheit.

Aus der Masse ragen – Profil zeigen

Was bedeutet das für die Studierenden? Nun – natürlich wird ein bestimmtes konformes Verhalten erwartet: Pünktlich zum Unterricht zu erscheinen, in die Vorlesungen nicht störend hineinzurufen, Abfall mitzunehmen und so weiter.

Andererseits sollen keine gleichartigen Robotermenschen erzogen werden. Ein jeder hat die Chance zu zeigen, was in ihm steckt. Jeder kann die Chance nutzen, an einer übersichtlichen Hochschule, sich in die Themen zu vertiefen, die ihn deutlich interessieren.

Durch immer erwartete Teamarbeiten und professionelle Präsentationen kann jeder Studierende experimentieren, in wie weit sein Wissen darstellbar ist und welche Themen andere (also die Zuhörer) interessieren könnten.

Und ganz nebenbei wird für die eigene Zukunft gelernt und das eigene Profil geschärft.

Der Appell ist eindeutig: Zeigen Sie (positives) Profil! Machen Sie sich einen Namen – das heißt, erreichen Sie, dass Ihre Professorenschaft Sie mit Namen ansprechen kann. Damit werden Sie zum erkannten Individuum.

Ragen Sie aus der Masse! Denn nicht die Masse wird erfolgreich sein im späteren Leben, sondern jener, der es schafft, sich deutlich (und immer noch positiv) von dieser abzuheben.

Claudia: *„Das stimmt alles. An unserer Uni wird das ganz gut umgesetzt. Ja, es gibt den inhaltlichen Input, der vermittelt werden soll. Einige Professoren/ Professorinnen und Dozenten/Dozentinnen bieten einen abwechslungsreichen und kreativ gestalteten Unterricht, der zum aktiven Mitmachen einlädt.*

Es muss nicht immer die klassische PowerPoint-Vorlesung sein, bei der Absatz für Absatz abgelesen wird. Nein, die Theorie wird mit vielen aktuellen Beispielen aus der Praxis belegt.

Fallbeispiele erleichtern euch, den manchmal komplexen Inhalt zu verstehen und idealerweise anwenden zu können.

Wir bieten hier sogenannte Soft Skills-Kurse an, in denen zeitgemäße Rhetorik, konfliktfreie Kommunikation, zielführende Teamarbeit, effektives Zeitmanagement, flotte Moderationstechnik für Meetings sowie viele andere wichtige Themen behandelt werden.

Hier könnt ihr sehr gut aktiv werden, eure soziale Kompetenz trainieren und euch hervorragend auf die täglichen Aufgaben in eurem zukünftigen Beruf vorbereiten.

Experimentiert, probiert aus, riskiert mal was! Die Möglichkeit der gebotenen Interaktion ist erwünscht."

Die Gruppe der Studierenden

Claudia: *„Kurz zurück zu den Überlegungen der Gruppe. Die Gruppe der Studierenden kann demnach auch recht stark werden. Um berechtigte Forderungen einzufordern, mag das in Ordnung sein.*

Trotzdem soll es für alle immer wieder klar sein, dass nicht zwangsläufig die Gruppe zählt, sondern das Individuum.

Auf den Einzelnen mit seinen speziellen Bedürfnissen kommt es an. Deshalb wollen wir auch nicht sagen ‚Die Studenten der Gruppe xy sind lahm', sondern: ‚Der Student Julian Ruhigmann könnte bei der Mitarbeit aktiver werden.'

Studierende behaupten oft, teamorientiert zu arbeiten und für andere da zu sein. Dieser Gedanke ist lobenswert. Aus der Zusammenarbeit entwickeln sich Freundschaften, die manchmal ein Leben lang halten. Nutzt die Chance, ein Netzwerk aufzubauen, welches ihr später für eure beruflichen Belange nutzen könnt.

Gerade an einer privaten Hochschule ist es durch die größenmäßige Übersichtlichkeit relativ leicht, wertvolle Kontakte zu knüpfen. Sei es unter euch Studierenden oder auch mit den Professoren und Professorinnen.

Nutzt die gegebenen Möglichkeiten, die die sozialen Medien bieten, Kontakte zu pflegen und über die Universitäts-Zeit hinaus zu (be-)halten."

Die akademischen Revolutionäre

Ich habe mich schon oft gewundert, dass nicht durch ganz Europa das Sprichwort läuft:
Grob, flegelhaft wie ein deutscher Student.
Karl Julius Weber, dt. Schriftsteller
(1767 - 1832)

Studenten als Vorreiter

Wissenschaftliche Lehranstalten gibt es schon lange. Die erste Lehranstalt, eine Schule für das Unterrichten Islamischer Wissenschaften, soll laut UNESCO die Einrichtung Al-Qarawiyyin in Fes (Marokko) sein.

Sie wurde als Madrasa (arab: ‚Ort des Studiums‘) bezeichnet. Etwa 1.000 Jahre später, 1957, gilt sie als klassische Universität.

Das Wort Universität kommt aus dem Lateinischen ‚universitas magistrorum et scholarium‘ gleich ‚Gemeinschaft der Lehrer und der Schüler‘.

Die erste europäische Universität steht in Bologna (1088). In Prag steht die erste Universität Mitteleuropas, gegründet 1348. Eine päpstliche Bulle, 1347 erstellt von Clemens VI. (um 1290 – 1352) sowie ein späterer Stiftungsbrief (1348) von Kaiser Karl IV. (1316 – 1378) bestätigen diese Gründung.

Die Universität in Heidelberg wurde 1386 gegründet.

Das Wort Student kommt aus der lateinischen Sprache (lat. ‚studens‘ für ‚strebend nach, bemühend um, interessierend für‘). Der Student sollte sich bemühen, akademisches Wissen aufzunehmen, um dieses später beruflich einsetzen zu können. Das Ziel des Studiums war der Erwerb eines Abschlusses mit akademischem Grad.

Die geistige Arbeit war einer gewissen ‚Elite‘ vorbehalten. Eine finanziell abgesicherte Basis war notwendig, sodass überwiegend die ‚bessere‘ Gesellschaft ihrem männlichen Nachwuchs ein Studium ermöglichen konnte.

Kein Wunder, dass sich viele Studenten als bevorzugte Gruppe betrachtete.

Sie zeigten nach außen, wie ‚elitär‘ sie sich fühlten.

Laut, aufdringlich und überheblich

Vor einigen Jahrzehnten waren Studenten an ihrer Kleidung und ihrem Auftreten in der Gesellschaft gut zu erkennen. Damals fanden viele Bürgerinnen und Bürger Studenten als laut, aufdringlich und überheblich.

Die Studenten zechten gerne ausgiebig und bis tief in die Nacht, bevor sie sich grölend in ihre Unterkünfte zurückzogen. Studenten waren bekannt dafür, Streiche zu spielen.

Vollwichs

Vollwichs ist die Bezeichnung für eine Galauniform zu besonderen Anlässen. Speziell zu sehen ist diese Galauniform bei sogenannten Couleurstudenten. Hier bildete sich auch die Verwendung ‚Couleur tragen‘ (frz. ‚couleur‘ für ‚Farbe‘). Die Farben der Uniform standen für die jeweilige Studentenverbindung.

Zur Uniform gehörten zum Beispiel:

- Das Band oder Bierband, über die rechte Schulter gelegt, über dem Hemd und unter dem Jackett getragen.
- Die Studentenmütze.
- Der Zipfelbund oder Bierzipfel, ein Schmuckanhänger.

In Studentenverbindungen wurden Studentenlieder zu bestimmten Anlässen gesungen.

Auch entwickelte sich eine sogenannte Burschensprache mit eigenen Ausdrücken, die die Studenten gerne verwendeten, um ihre Zusammengehörigkeit zu demonstrieren.

Karzer

Früher waren Studenten Angehörige der Unis, die dort bei Ungehorsam oder Fehltritten bestraft wurden und in den Uni-Karzer (lat. ‚carcer‘ für ‚um Befriedung, Kerker‘) kamen.

Für die meisten Studierenden war es eine Ehrensache, mindestens eine Nacht im Karzer verbringen zu müssen. So schlimm, wie es sich anhören könnte, war es gar nicht.

Denn die Eingesperrten durften Besuch empfangen, essen und trinken. So arteten manche Besuche in den Kellerräumen zu wahren Besäufnissen aus.

Mensur – Schmiss

Die Mensur (lat. ‚mensura‘ für ‚Abmessung‘) ist ein traditionelles, akademisches Fechten, das stark reglementiert umgesetzt wurde. Offiziell wird diese Tradition heute nicht mehr gepflegt.

Die dabei entstehende Schnittverletzung, Wunde und spätere Narbe im Gesicht (Schmiss) galt als besondere Auszeichnung.

Frauenstudium

Die Familie von Katharina Charlotte Friederike Auguste Windscheid (1859 – 1943) hatte wohl gute Beziehungen zu Friedrich I. von Baden (1826 – 1907). So konnte sie im Jahre 1894 als erste Frau an der Universität Heidelberg studieren und einen Doktor-Titel erlangen.

In der Schweiz gelang es 1874 Marie Heim-Vögtlin (1845 – 1916) als erste Studentin in die Geschichte einzugehen. Immerhin erreichte sie, als erste Schweizer Ärztin zugelassen zu werden.

Allerdings soll auch schon im Jahr 1745 Dorothea Christiane Erxleben (1715 – 1762) in Quedlinburg die erste promovierte Absolventin einer Universität gewesen sein. Auch sie war später als Ärztin aktiv.

68er

Zwei Jahrhunderte später sah das universitäre Leben anders aus. Freizügigere Kleidung (zu dieser Zeit waren das klassische Anzüge und Krawatte) und provozierendes Auftreten machte sich breit.

In den sechziger Jahren des 20. Jahrhunderts entstand eine studentische Einstellung, die gegen die bis dato umgesetzten strengen Konventionen vorging.

Hörsäle wurden besetzt; auf der Straße wurde demonstriert.

Die Bezeichnung 68er steht für eine Studentenbewegung in den sechziger Jahren, besonders im Jahr 1968. Sie war zeitgleich in mehreren Ländern Westeuropas zu beobachten.

Es handelte sich um eine soziale, politisch linksorientierte Bewegung.

Themen waren Demokratie, Emanzipation, sexuelle Selbstbestimmung und Antiautorität.

Es kursierte der Spruch, der sinngemäß hieß: „Hast du das zweites Mal mit derselben gepennt, gehörst du zum Establishment." Das galt in diesen Kreisen als wenig erstrebenswert, galt das verkrustete System als überholt.

Ein erster negativer Höhepunkt ergab sich durch die Erschießung von Benno Paul Johann Ohnesorg (1940 – 1967), der unter anderem gegen den persischen Schah Mohammad Reza Pahlavi (1919 – 1980) demonstrierte, der aufgrund einer Einladung durch Bundespräsident Karl Heinrich Lübke (1894 – 1972) nach Deutschland kam.

Der Täter war der Kriminalobermeister Karl-Heinz Kurras (1927 – 2014), der (wie später herauskam) auch als informeller Mitarbeiter für das Ministerium für Staatssicherheit der DDR arbeitete.

Während Ohnesorgs mitdemonstrierende Kommilitonen von Polizisten geprügelt wurden, platzierte Kurras einen gezielten Schuss in Ohnesorgs Hinterkopf. Der Student verstarb vor Ort.

Ein Jahr später traf es Alfred Willi Rudolf (Rudi) Dutschke (1940 – 1979), der am 11.04.1968 von einem Fanatiker auf dem Berliner Kurfürstendamm angeschossen wurde. Der Täter Josef Erwin Bachmann (1944 – Suizid 1970) schoss Dutschke zweimal in den Kopf und einmal in die Schulter.

Dutschke verstarb später an den schweren Hirnverletzungen dieses Anschlags.

Nach diesen heftigen Jahren kehrt wieder etwas Ruhe in das Studentenleben ein. Durch die Bildungsreform gelang es, dass junge Menschen weniger finanzkräftiger gesellschaftlicher Schichten studieren konnten.

Außerdem sind weltweit gleich viel Männer wie Frauen eingeschrieben.

Studentische Initiativen und studentisches Engagement

*Da gilt es zu feiern, recht lange zu schlafen und ganz ohne Tadel
dann gemütlich beisammen die Sommernacht reizvoll zu verplaudern.*
**Horaz (Quintus Horatius Flaccus), röm. Dichter
(65 – 8 v. Chr.)**

Engagiert im Studium

Das Ziel des Studiums ist ein erfolgreicher Abschluss. Das steht außer Frage.

Neben dem ‚klassischen' Studium und der Stress abbauenden Freizeitgestaltung steht das studentische Engagement außerhalb der Vorlesungen hoch im Kurs.

Ehrenamt und soziales Engagement

Das Wort Engagement kommt aus dem Französischen (‚engager'), wo es so viel bedeutet wie: ‚sich einsetzen, sich verpflichten'.

Verpflichten klingt nach ‚muss' und das mag nicht jeder. Demnach betrachten wir das Wort Engagement im Sinne des freiwilligen Wollens. Kommend von der intrinsischen, der inneren Motivation.

Jemand, der motiviert ist und etwas erreichen will, zeigt eine innere Motivation (im Gegensatz zur extrinsischen oder äußeren Motivation, wie zum Beispiel der monatlichen Bezahlung).

Eine Art Grund-Engagement wird sowieso erwartet. Alles, was über die klassische Erwartung hinausgeht, lässt sich dann tatsächlich als Engagement bezeichnen.

Dieses zeigt sich meist in zusätzlichen Tätigkeiten außerhalb des eigentlichen (studentischen) Aufgabenfeldes. So zum Beispiel gesellschaftliches Engagement wie Freiwilligenarbeit oder das Übernehmen von Ehrenämtern. Innerhalb der Uni lässt sich ein Engagement durch das Anbieten diverser Freizeitbeschäftigungen erkennen. Es könnte zum Beispiel sein, dass jemand eine Tennisgruppe ins Leben ruft, einen Lese- oder Musikkreis anbietet, Charity-Aktionen (also Wohltätigkeits-Aktionen) organisiert und so weiter.

Gutes tun – Charity

Das Letztgenannte mag sehr hochtrabend klingen. Doch gibt es unzählige Möglichkeiten, die einfach umzusetzen sind.

Zu Ostern einen Korb bemalter Ostereier aufstellen. Wer mag, nimmt sich eines und legt einen kleinen Obolus in ein dafür vorgesehenes Gefäß. Dieser Betrag – abzüglich des Einkaufspreises für die Ostereier – geht dann an eine Einrichtung, die ein paar Euro gebrauchen kann: Der Kindergarten nebenan, das Seniorenheim zwei Straßen weiter, der Behinderten-Sportverein im Viertel …

Kleine Aktionen dieser Art bauen das soziale Miteinander auf. Im Unternehmen umgesetzt, fühlen sich die beteiligten Beschäftigten wohl, ihr Verhalten schweißt zusammen. Die Uni selbst kann von diesem sozialen Engagement noch mehr profitieren, wenn die Presse es für Wert empfindet, über die Charity-Aktion zu berichten.

Das gute Ansehen

Eine erfolgreich gestaltete Karriere, verbunden mit Geld, ist gut.

Erfolgreiches soziales Engagement, verbunden mit Ansehen, ist mindestens genauso gut.

Unzählige Möglichkeiten gibt es, sich ehrenamtlich zu engagieren, Hilfe zu geben, ohne materielle Rückmeldung zu erwarten.

Obwohl es keine Selbstverständlichkeit ist, anderen zu helfen, ergibt das Verhalten zumindest ein gutes Gefühl. Des Weiteren schafft es die Möglichkeit, deutlich sein Netzwerk auszubauen, andere Menschen und damit auch andere Ansichten kennenzulernen.

„Das Ehrenamt festigt unsere Gesellschaft. 23 Millionen bürgerschaftlich Tätige und rund 14.400 Stiftungen leisten einen wertvollen Beitrag. Meist außerhalb der öffentlichen Wahrnehmung helfen sie direkt und wirksam."[3]

Es gibt Steuererleichterungen für freiwillige Helferinnen und Helfer, die in gemeinnützigen, mildtätigen oder kirchlichen Bereichen aktiv werden.

---

[3] Quelle: Bundesfinanzministerium.de 2009

Ebenso gibt es bei Vorlage einer Spendenquittung steuerliche Vorteile.

In Deutschland gibt es laut Bundesverband Deutscher Stiftungen im Jahr 2019 etwa über 22.700 Stiftungen.

Kooperation von Studierenden

Oft heißt es, dass die Studienzeit die schönste im Leben sein soll. Zumindest sind viele – angenehme – Erinnerungen damit verbunden.

Viel geschieht in dieser Zeit des Erwachsenwerdens. Mancher Streich ist erlaubt. Die Freiheit ist noch relativ groß, die ersten ehelichen Bündnisse werden einge-gangen. Aus dieser Freiheit, diesem Gefühl der Zusammengehörigkeit entwi-ckeln sich Freundschaften, die ein ganzes Leben lang dauern können.

Aktive Studenten, aber auch ehemalige Studenten einer Universität, Hochschule oder ähnlichen Institution treten dann gerne einer Kooperation oder Verbindung, einer Studentenkorporation, bekannter als Studentenverbindung bei.

Diese Verbindungen machen es sich zur Aufgabe, gewachsene Traditionen und Brauchtum zu pflegen.

Die Sucht nach der mobilen Technik

Dichten ist im wesentlichen Sehen. Die Studenten haben hauptsächlich die Aufgabe des Dichters: sich und anderen Klarheit zu verschaffen über die zeitlichen und ewigen Fragen, die sich in der Zeit und der Gesellschaft, der sie angehören, regen.

Henrik Ibsen, norw. Dramatiker
(1828 - 1906)

Harmonie trotz mobiler Geräte

In einigen Städten dieser Welt gibt es am Boden der Fußgängerwege deutliche Hinweise für Smartphone-Nutzer, ihre Fixierung vom Handydisplay zu lösen und auf den Verkehr zu achten. Manch ein Nutzer überquert die Straße, ohne den Blick vom Smartphone zu nehmen.

In manchen größeren Gebäuden mit Freitreppen wurden schon Schilder bei den nach unten führenden Stufen gesichtet, die auf die Treppe und die damit verbundene Unfallgefahr hinwiesen. Es soll vermieden werden, dass jemand die Stufen nach unten stolpert.

Die – überwiegend – jüngere Generation scheint fast mit dem mobilen Gerät verwachsen zu sein. Eine nicht repräsentative Umfrage unter 19 bis 22-Jährigen offenbarte, dass diese im Schnitt etwa 3 Stunden am Tag mit ihrem Handy beschäftigt waren.[4]

Nicht berücksichtigt wurde die Nutzung zusätzlicher Geräte wie Laptop und andere.

Schimpferei oder Tadel, lächerlich machen oder Kopfschütteln älterer Personen nutzt nichts. Das Benutzen des Smartphones gehört für die Generation Z zur bedingungslosen Notwendigkeit des Lebens. Etwas überspitzt ausgedrückt lässt sich sagen: Die Personen der Generation Y lebt <u>mit</u>, die jungen Leute der Generation Z leben <u>in</u> der virtuellen Welt.

Das Smartphone verbieten hieße, den jungen Menschen die Luft zum Atmen zu nehmen.

---

[4] Stand Ende 2019

Handy-Sucht

Bedauerlicherweise sind tatsächlich einige Menschen süchtig nach Nutzung ihres Smartphones. Sie <u>müssen</u> – aufgrund der Sucht – mehrmals stündlich auf das Display schauen. Es könnten ja neue Nachrichten eingegangen sein.

Wie dem auch sei – glücklicherweise lässt sich mit dem Smartphone auch telefonieren. Wer hätte das gedacht?

Professioneller Einsatz von Smartphones

Da ständig miteinander kommuniziert wird und damit auch telefoniert wird, vereinfacht (im Sinne von: wird oberflächlich) sich manchmal die Art und Weise des Telefonats. Deshalb zur Erinnerung:

- Am Telefon deutlich sprechen.
- Abgewendet von anderen stehen.
- Nicht schreien – die Technik ist in der Regel gut ausbalanciert.
- Nicht gestikulierend hin- und hergehen.

Sprechen Sie jemandem eine Nachricht auf den Anrufbeantworter oder auf die Mailbox, geben Sie neben Ihrem Namen und dem Grund des Anrufes eine Telefonnummer an, unter der Sie erreichbar sind.

Damit es nicht zu einem endlosen Hin- und Hertelefonieren kommt, vermerken Sie außerdem eine Zeitspanne, in der Sie am ehesten erreichbar sind.

Bevor Sie mit dem Professor telefonieren

Bevor Sie anrufen:

- Legen Sie eventuell benötigte Daten und Unterlagen zurecht.
- Klären Sie, wen genau Sie sprechen wollen (das gilt natürlich ganz besonders bei beruflichen Kontakten).
- Halten Sie ein Schreibgerät bereit.
- Halten Sie einen Schreibblock beziehungsweise eine Schreibunterlage bereit.
- Suchen Sie einen Ort, an dem Sie ungestört telefonieren können.
- Stellen Sie sich gedanklich auf das Gespräch ein.

Nachdem die Verbindung hergestellt ist:

- Wählen Sie eine positive Grundeinstellung! Nicht vergessen: „Freundlichkeit sehen die Blinden und hören die Tauben." Damit ist gemeint, dass ein Lächeln sehr wohl beim Gegenüber ankommt.
- Begrüßen Sie deutlich Ihren Gesprächspartner mit „Einen schönen, guten Tag, hier spricht ‚Vorname' – ‚Nachname', Studierende/r des x-ten Semesters."
- Sprechen Sie klar und verständlich! Beachten Sie, dass bei Handygesprächen Außengeräusche die Kommunikation stören könnten.
- Sprechen Sie langsam!
- Wiederholen Sie Zahlen in der Art, wie sie vorgegeben werden. Zum Beispiel in Zweiergruppen (37 92 92) oder in Dreiergruppen (379 292).
- Kommen Sie zügig zur ‚Sache'!
- Klären Sie, wie weiterhin zu verfahren ist!
- Verabschieden Sie sich freundlich, danken Sie für das Gespräch und wünschen Sie noch einen schönen Tag!

Sollten Sie ohne Termin beziehungsweise ohne Vereinbarung anrufen, erkundigen Sie sich zu Beginn des Gesprächs, ob Sie stören und/oder gegebenenfalls zu einem späteren Zeitpunkt anrufen sollen.

Haben Sie vorab eine Uhrzeit zum Anruf vereinbart, halten Sie sich genau an die abgesprochene Zeit.

Smartphone aus!

Befinden Sie sich in einer Gesellschaft (Dialog, Besprechung, Meeting, Familienfeier, aber auch bei einem Zusammensein mit einem Freund oder einer Freundin), reißt ein Läuten des Telefons aus der gerade stattfindenden Kommunikation.

Unterstellen wir im Folgenden, dass Sie gerne in der oben beschriebenen Gesellschaft sind, dann ist es unhöflich, sofort auf das Signal eintreffender Nachrichten zu reagieren.

Offensichtlich ist der Mensch von Natur aus sehr neugierig und reagiert sofort auf das Läuten oder Vibrieren des Geräts.

Schon durch diese Signale wird er im Dialog unterbrochen.

Der sogenannte ‚rote Faden' ist in jedem Fall erst einmal durchtrennt und muss später gesucht und neu aufgenommen werden. Feinsinnige Gespräche sind somit hinfällig.

Das Klingeln des Telefons stört. Und was ist zu tun? Nun ganz einfach: Bevor Sie sich in eine Gesellschaft begeben, stellen Sie Ihr Smartphone ganz einfach ab oder stellen es auf lautlos!

Vorlesungen versus Handynutzung?

Oben genanntes Verhalten gilt auch in Vorlesungen und in Unterrichtsräumen.

Es sollte eine Selbstverständlichkeit sein, während der Vorlesungen aufs Telefonieren zu verzichten. Das Mitschneiden (Bild oder Ton) von Vorlesungen ist in der Regel illegal. Außerdem wird riskiert, den Datenschutz zu verletzen.

„Ich habe da mal ne Frage" – Einsatz der Mail

Professoren und Dozenten beklagen sich immer wieder, dass ihnen Studierende Mails ohne Angaben in der Betreffzeile schicken. Andere Studenten schreiben vom Privat-Account (fast alle Unis bieten ihren Studierenden einen Uni-Absender an) und ohne jeglichen Hinweis auf die Zugehörigkeit im Studium.

Sie überlassen es dann dem Lehrenden, mühsam herauszusuchen, welchem Semester und welcher Gruppe der Sender der Nachricht zuzuordnen ist.

An sich sollte es eine Selbstverständlichkeit sein, eine freundliche Anrede und eine ausreichende Signatur in der Mail zu lassen.

Welches Bild mag es hinterlassen, wenn der Anschreibende weder auf Rechtschreibung, Interpunktion oder Grammatik achtet?

Eingesetzte Rechtschreibprogramme würden viele Fehler vorab bereits korrigieren.

Geben Sie sich etwas Mühe, den Mailtext Ihrem Niveau entsprechend zu gestalten.

Teil 3 – Soziale Kompetenz an der Uni

Andere achten, wertschätzen und Respekt zollen

Mein Gegenüber und ich

Manche Leute drücken nur ein Auge zu, damit sie besser zielen können.
Billy Wilder, US-am. Regisseur
(1906 - 2002)

Schau' mir in die Augen, Kleines ...

Die Augen sagen sehr viel aus – genauer gesagt: der Blickkontakt. Viele von uns kennen den Spruch: „Der oder die kann mir nicht in die Augen schauen." In unserer Kultur deuten wir das so: „Der oder die hat etwas zu verbergen."

Mit anderen Worten: Die Person, die es nicht schafft, einen direkten Blickkontakt zu halten, wird als ‚schwach' bezeichnet.

Zur Erinnerung: Es wird von der europäischen (speziell westeuropäischen) Kultur gesprochen.

In anderen Ländern können andere Regeln gelten. Deshalb kann der Blickkontakt dort auch anders gedeutet werden.

So werden Studierende aus dem Ausland – ähnlich der Distanzzone – teilweise andere Verhaltensmuster zeigen, weniger Blickkontakt halten, die Körpersprache dezenter oder scheinbar aufdringlicher einsetzen.

Zurück zu den Augen.

Es lässt sich behaupten, dass die Augen die Sinneskanäle widerspiegeln.

Je nachdem, wohin Sie während einer Kommunikation schauen, arbeitet das Gehirn verschieden und Sie handeln in einer bestimmten Art.

Das trifft auf die eigene Augenstellung zu, wie auch auf die des Gesprächspartners.

Blickkontakt halten

Claudia: *„Wenn du im Gespräch mit deinem Professor bemerkst, dass der plötzlich die Arme vom Körper über Kreuz legt, er sich im Stuhl zurücklehnt und gegebenenfalls sogar den Blickkontakt meidet, sollte dir <u>sofort</u> bewusstwerden, dass du etwas sagtest oder tatest, was dem Prof missfällt.*

Größte Vorsicht ist geboten, soll das Gespräch doch zu einem möglichst positiven Ergebnis führen. Die eingenommene Körperhaltung des Professors signalisiert Widerstand.

Es wird sehr wahrscheinlich nicht lange dauern, bis er das Wort ergreift. Er wird dann schwer zu widerlegende Argumente bringen, das angestrebte Gesprächsziel blockieren oder das Gespräch beenden.

Also: Immer aufpassen, wie dein Gesprächspartner körpersprachlich im Dialog reagiert, um zum befriedigenden Gesprächsergebnis kommen zu können.

Soweit es geht, einen aufgeschlossenen und interessierten Blickkontakt zeigen, ohne den anderen anzustarren oder mit den Blicken ‚erdolchen zu wollen'.

Nehmt euch vor, gut zuzuhören und aufmerksam dem Gesprächsinhalt zu folgen.

Lasst neben dem Inhalt mit fachlichen Informationen nicht die sichtbare Körpersprache unbeachtet.

Manch körpersprachliches Signal lässt sich nämlich sehr gut deuten. Es kann das gesprochene Wort ergänzen, bestätigen oder sogar ins Gegenteil setzen. Denkt daran: Die Körpersprache sagt üblicherweise die Wahrheit – ausgesprochene Wörter können lügen."

Wenn Sie das wissen, können Sie sich auf die ‚Wellenlänge' Ihres Gegenübers besser einlassen. Sie können die Person besser verstehen.

Jede Körperhaltung – hier die Augenstellung – können Sie nur dann einigermaßen deuten, wenn sie als Reaktion auf eine Aktion erfolgt.

Damit meinen wir Folgendes: Sie sagen oder tun etwas und die Person gegenüber reagiert. Sie reagiert, indem sie etwas sagt oder indem sie ihre Körperhaltung ändert.

Es kann auch beides gleichzeitig geschehen. Also: Sie sollten die Körpersprache – ganz besonders hier die Augenstellung – nur dann deuten, wenn sie als Reaktion auf eine Aktion erfolgt.

Mit positiver Einstellung ins Gespräch gehen

Generell lässt sich sagen und festhalten: Gehen Sie lächelnd und Blickkontakt haltend auf andere zu. Treten Sie mit positiver Absicht auf und streben ein Winwin-Ergebnis für Ihr Gegenüber und Sie selbst an.

Gehen Sie den ersten Schritt, zeigen Sie (positives) Profil. Auch andere werden froh sein, wenn jemand mit ihnen Kontakt aufnimmt und es schafft, eine lockere, angnehme Atmosphäre zu verbreiten.

Streiten ist relativ leicht, vernünftig zu argumentieren erfordert viel mehr Aufmerksamkeit und Wertschätzung.

Korrekte Anrede

Claudia: *„Immer wieder beobachte ich, dass Studierende nicht genau wissen, wie sie einen Gastredner ansprechen sollen oder wie sie, zum Beispiel am Tag der offenen Tür die begleitenden Eltern dem zufällig über den Weg laufenden Professor vorstellen sollen.*

Wie ist denn nun die Reihenfolge beim Begrüßen und Vorstellen? Werden Titel genannt? Wie ist die Rolle der Frau im Sinne der Gleichberechtigung zu berücksichtigen?"

Herr und Frau Lustig oder Frau und Herr Lustig, wie ist denn nun die korrekte Anrede? Nach wie vor wird die Bezeichnung Herr vor der Bezeichnung Frau gewählt, wenn der Nachname einmal genannt ist. „Herzlich willkommen, Herr und Frau Lustig."

Wird der Nachname zweimal genannt, geht es allerdings dem ‚Rang' nach, wobei die ranghöhere Person zuerst genannt wird: „Ich freue mich heute vorstellen zu dürfen: Frau Lustig und Herrn Lustig."

Ohne konkrete Namensbezeichnung heißt es allerdings: „Sehr geehrte Damen und Herren."

Akademische Titel stehen in der Briefanschrift direkt vor dem Namen, Berufsbe-
zeichnungen dagegen neben ‚Herrn' oder ‚Frau', ausgeschrieben:

- Herr Dipl.-Ing. Peter Lustig
- Frau Dr. Sabine Schubert
- Herr Dr. med. Dr. h. c. Peter Lustig
- Frau Professor Dr. Sabine Schubert
- Herr Rechtsanwalt Peter Lustig
- Frau Steuerberaterin Sabine Schubert

In der Anrede fallen Diplome/Berufsbezeichnungen weg, nicht aber Titel:

- Sehr geehrter Herr Lustig, ...
- Sehr geehrte Frau Dr. Schubert, ...

Bei mehreren Titeln wählen Sie nur einen, nämlich den höchsten:

- Sehr geehrte Frau Professor (immer ausschreiben) Schubert
- Sehr geehrter Herr Dr. Lustig

Auch bei der Begrüßung von Gästen genießt der Rang Priorität. Zum Beispiel so:
„Herr Ministerpräsident, Frau Landtagspräsidentin, meine Damen und Herren."

Die Vorstellung

Die Vorstellung erfolgt ebenso unter Berücksichtigung des gesellschaftlichen
‚Rangs'. Die Eselsbrücke lautet: Die rangniedere Person wird immer der ranghöheren vorgestellt. Vorgestellt wird:

- der Herr der Dame
- die jüngere Person der älteren Person
- die rangniedere Person der ranghöheren Person
- der Bekannte dem Fremden
- der Inländer dem Ausländer
- wer schon da ist demjenigen, der dazukommt.

Im zweiten Schritt wird dann umgekehrt vorgestellt – also die Dame dem Herrn
und so weiter.

Begleitet wird die Vorstellung mit erklärenden Worten des Gastgebers. Zum Beispiel: „Frau Vogel, darf ich vorstellen, das ist Herr Friedmann."

Die beiden Vorgestellten reichen sich die Hand und antworten in etwa: „Es freut mich, Sie kennenzulernen." „Es freut mich sehr, Sie kennenzulernen, Frau Vogel/Herr Friedmann."

Oder es wird sehr neutral mit dem eigenen Namen geantwortet: „Friedmann, guten Abend." Oder, im familiären Jargon, einfach „Hallo."

Falls Sie sich selbst vorstellen, kann das so verlaufen: „Darf ich mich vorstellen, mein Name ist Johannes Friedmann." „Es freut mich, Sie kennenzulernen. Ich bin Viktoria Vogel."

Innerhalb der Familie und unter Freunden und Kommilitonen wird sich mit dem Vornamen vorgestellt: „Hallo, ich bin der Johannes." Oder mit dem Vor- und Nachnamen: „Guten Abend, ich bin Johannes Friedmann."

Im ersten Fall wird eher akzeptiert, ‚geduzt' zu werden. Im zweiten soll ‚gesiezt' werden.

Bei manchen setzt sich auch in Deutschland allmählich durch, sich mit dem Vornamen anzureden, aber beim ‚Sie' zu bleiben. „Es freut mich, Sie kennenzulernen, Johannes."

Die Betreffenden schauen sich während der Vorstellung direkt in die Augen, lächeln freundlich und reichen sich gewöhnlich die Hand.

Gerade jüngere Menschen wünschen sich manchmal von älteren Personen mit Vornamen angesprochen zu werden. Wenn Sie das bevorzugen, bieten Sie dem Gegenüber an, Sie beim Vornamen zu nennen.

Bitte berücksichtigen Sie dabei, dass damit keineswegs automatisch das Recht entsteht, auch den anderen duzen zu dürfen. Es handelt sich hierbei um ein einseitiges Angebot Ihrerseits.

Claudia: „Viele Unterrichtende an unserer Uni wählen gerne diese Variante. Die meisten Studierenden empfinden diese Vorgehensweise als angemessen, da das Aussprechen des Vornamens persönlicher wirkt. Das persönliche Ambiente soll gerade an einer privaten Hochschuleinrichtung selbstverständlich sein. Umgekehrt wird der Lehrende mit Sie und Nachnamen angeredet."

Stellen Sie Ihre Eltern vor

Der erste Tag. Sie sind mit Ihren Eltern angereist, um an den Einführungsver-
anstaltungen teilzunehmen. Plötzlich steht Ihnen einer der Professoren gegenüber, den Sie aus dem Assessment Day kennen.

Sie spüren: Ihre Eltern wollen dem Professor vorgestellt werden. Wie geht das?

„Herr Professor, darf ich Ihnen meine Eltern
vorstellen?"

„Meine Mutter Elisabeth Mertens und mein Vater Stefan Mertens."

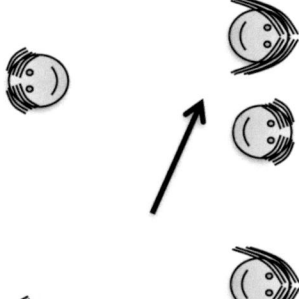

„Liebe Eltern. Ich stelle euch meinen neuen
Professor, Dekan meines Studiengangs, vor."

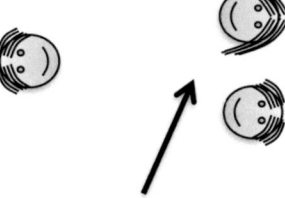

„Das ist Professor Dr. Ernst Sturm."

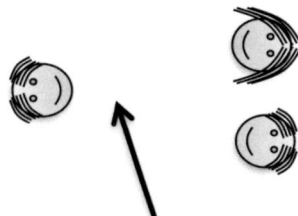

Die Begrüßung

Die Gäste begrüßen sich gegenseitig, sofern sie nicht vorgestellt werden müssen.

Begrüßt wird dem Rang nach. Sie begrüßen herzlich, bieten die rechte Hand und schauen sich dabei direkt in die Augen. Ein Lächeln ist bereits der erste Schritt zu einem angenehmen Klima.

Aus Gründen des Aberglaubens sollen Sie Hände nicht über Kreuz reichen. Das können Sie umgehen. Richtig ist bei gegenüberstehenden Paaren, dass sich erst die beiden Damen, dann die sich gegenüber Stehenden und schließlich die beiden Herren die Hand reichen.

Mit dieser Vorgehensweise wird das Überkreuzen der Arme vermieden. Zwei Paare stehen sich gegenüber und verfahren wie folgt:

Diagonal. Zuerst reichen sich die beiden Damen die Hand.

Parallel. Die gegenüber Stehenden reichen sich die Hand.

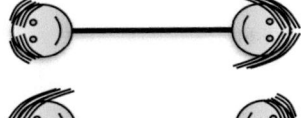

Diagonal. Und schließlich geben sich die beiden Herren die Hand.

Dabei stehen die Paare in Blickrichtung immer so, dass der Herr links von der Dame steht. Sollten Sie beim Begrüßen mehrerer Personen einen Rang nicht erkennen können oder möchten, dann grüßen Sie ganz einfach ‚der Reihe nach', aber sagen Sie das auch dazu.

Duzen und Siezen

Ab sofort sage ich nicht mehr „Du Ochse" zu Dir, sondern „Sie Ochse".
Dem Autor bekannter Biologielehrer
in der 1. Unterrichtsstunde einer 11. Klasse

„He, du da!"

Die Deutschen nehmen es mit dem Duzen und Siezen relativ ernst.

Das mag daran liegen, dass – einmal per Du – der Weg zurück zum Sie nicht mehr möglich ist, es sei denn über Auseinandersetzungen oder über Rechtsstreitigkeiten.

So überlegen viele, ob und ab wann sie mit jemandem ‚per Du' sein wollen. Mit dem Duzen ist gleichzeitig eine andere Erwartungshaltung verbunden. Deshalb will auch nicht jeder geduzt werden.

Beim Duzen gilt die Regel, dass die ältere Person der jüngeren das Du anbieten kann. Das ‚Du' kann vom Älteren dem Jüngeren <u>angeboten</u> werden. Der Jüngere <u>kann</u> das ‚Du' annehmen. Voraussetzung: Der Ältere steht hierarchisch im Unternehmen nicht unterhalb des Jüngeren.

Anbieten bedeutet nicht, dass der Jüngere das Duzen automatisch akzeptieren muss.

Wenn es Ihnen unangenehm ist, dass ein älterer Mensch Ihnen das Du anbietet, können Sie ihm sehr höflich antworten, dass Sie sich zwar über das Angebot freuen, es aber vorziehen, weiterhin bei dem Sie zu bleiben. „Wir sind so lange gut mit dem ‚Sie' ausgekommen. Lassen wir es gerne darauf beruhen."

Berücksichtigen Sie dabei, dass der andere Ihnen durch das Anbieten des ‚Dus' ein gewisses Vertrauen entgegenbringt. Eine brüske Ablehnung des Angebots kann somit wie eine kalte Dusche wirken.

Vorschlag: Möglichst sensibel und sehr freundlich bei Ihrer Absage vorgehen.

Wenn Sie ein anderer allerdings dauerhaft duzt, Sie es aber nicht für richtig empfinden, sollten Sie den anderen höflich – aber trotzdem bestimmt – und möglichst bald – daraufhin ansprechen.

Claudia: *„Lasst euch nicht dazu verleiten, Azubis oder Praktikanten an der Uni zu duzen. Möglicherweise sind sie in eurem Alter, aber sie arbeiten sozusagen ‚auf der anderen Seite'.*

Da das Duzen eine gewisse Vertraulichkeit impliziert, riskiert der junge Mitarbeiter der Uni, den beruflichen Abstand zum Studierenden zu verlieren.

Abgesehen davon wird an vielen Hochschulen den Mitarbeitern – und damit auch den Auszubildenden und Praktikanten – eingebläut, die höfliche, professionelle Sie-Variante zu wahren. Auch dann, wenn es manchmal schwerfällt.

Bitte berücksichtigt in diesem Zusammenhang das Siezen, um niemanden in Verlegenheit zu bringen."

Zwischenmenschlicher Umgang

Ein kleiner Schritt für einen Menschen,
aber ein gewaltiger Sprung für die Menschheit.
Neil Armstrong, US-Astronaut
(1930 - 2012)

Bitte & Danke

„Bitte, nach Ihnen."

Obwohl sie nur jeweils aus fünf Buchstaben gebildet werden, fällt es vielen Menschen schwer, die Wörter ‚Bitte' und ‚Danke' zu benutzen.

Dabei ist es eine Sache der Höflichkeit, einer Aufforderung das Wort ‚Bitte' voranzustellen oder anzuhängen.

Ergänzt durch ein freundliches Lächeln erleichtern diese beiden Wörter die Zusammenarbeit.

Als selbstverständlich sollten ‚Bitte' und ‚Danke' auch im privaten und familiären Umgang sein. Es schadet nicht, wenn Kinder ‚Danke' sagen, nachdem ihnen Mutter oder Vater den Teller mit (Abend-)Essen vorsetzen.

Es schadet ebenso wenig, wenn der eine Partner sich beim anderen mit einem ‚Dankeschön' bemerkbar macht, nachdem ihm ein Glas Wein oder eine Tasse Kaffee eingeschenkt wurde.

Und ist es nicht traumhaft, nach Ablauf des Tages zu hören: „Danke für den schönen Tag."?

Natürlich steht es auch jedem Studierenden frei, die Wörter ‚Bitte' und ‚Danke' häufiger zu verwenden.

In die gleiche Kategorie gehört auch das Grüßen der Kommilitonen, der Professoren, der Beschäftigten, der Mitarbeiter der Essensausgabe und anderer.

Immer wieder ist zu beobachten, dass wort- und damit grußlos eine Sache entgegengenommen wird. Dabei spielt es keine Rolle, ob es sich um eine Ware oder um eine Dienstleistung handelt. Es spielt weiterhin keine Rolle, ob Ihnen ein Beschäftigter eine Unterlage reicht, oder ob Sie ihm etwas reichen.

Bekanntlich erleichtert eine gewisse Freundlichkeit und Höflichkeit das Zusammensein. Das Unileben ist wie das Leben in einer kleinen Welt. Tragen Sie dazu bei, in dieser Welt eine angenehme Atmosphäre zu verbreiten.

Claudia: *„Da stimme ich 100-prozentig zu. Es ist doch schön, wenn es gemütlich und im gewissen Sinn familiär zugeht. Keiner hat etwas dagegen, wird Individualität gezeigt und gelebt. Aber bitte nicht zulasten der anderen.*

Werft euren Müll in dafür vorgesehene und überall aufgestellte Abfalleimer. Klebt die ausgebauten Kaugummis nicht unter die Tisch- oder Schreibplatte. Das ist eklig!

Bringt euer benutztes Geschirr zurück und haltet die sanitären Einrichtungen sauber. Wenige Handgriffe helfen, die Räume – zumindest optisch – sauber und einladend zu halten. Danke."

„He, du Blödmann"

Auch wenn alle einer Meinung sind, können alle Unrecht haben.
Bertrand Russell, brit. Philosoph und Mathematiker
(1872 - 1970)

Gesellschaftliche Normen

Die Mehrheit einer Gesellschaft gibt durch bewusste Entscheidungen oder durch eine gesellschaftliche Entwicklung vor, welchem Standard ein Mensch dieser Gesellschaft zu entsprechen hat.

Was gilt als ‚normal'. Was als ‚unnormal' beziehungsweise ‚anormal'? Was entspricht nicht der gesellschaftlichen Norm?

Verhält sich oder lebt das Individuum Mensch nicht normgerecht (nach Meinung der Mehrheit) oder sieht es anders aus, denkt oder fühlt ‚unüblich', riskiert es, als Minderheit, als gesellschaftliche Minderheit, angesehen zu werden.

Es riskiert dann weiterhin – in der Regel ungewollt – eine soziale Diskriminierung.

So kann unterschieden werden zwischen:

- Unmittelbarer Benachteiligung: Sie liegt dann vor, wenn eine Person eine weniger günstige Behandlung, als eine andere Person in einer vergleichbaren Situation erfährt, erfahren hat oder erfahren würde.

- Mittelbarer Benachteiligung: Sie liegt vor, wenn dem Anschein nach durch neutrale Vorschriften, Kriterien oder Verfahren Personen gegenüber anderen Personen benachteiligt werden könnten.

- Belästigung: Sie liegt vor, wenn die Würde der Person verletzt wird und ein Umfeld geschaffen wird, das sich durch Einschüchterung, Anfeindung, Erniedrigung, Entwürdigung oder Beleidigung auszeichnet.

- Sexueller Belästigung: Sie liegt vor, wenn die Würde der Person verletzt wird, insbesondere ein Umfeld geschaffen wird, das sich auszeichnet durch Einschüchterung, Anfeindung, Erniedrigung, Entwürdigung oder Beleidigung in Bezug darauf, dass unerwünschte sexuelle Handlungen und Aufforderungen erfolgen, zu denen sexuell bestimmte Berührungen, Bemerkungen sowie Zeigen und sichtbares Anbringen pornografischer Darstellungen zählen.

- Anweisung zur Benachteiligung: Sie liegt vor, wenn eine dritte Person angewiesen wird, sich so zu verhalten, dass eine Person nach den oben aufgeführten Gründen benachteiligt wird.

Die Varianten der Benachteiligung sind vielfältig. Deshalb werden sie auch nicht immer und sofort von jedem erkannt. Das Nicht-Erkennen entschuldigt Benachteiligung keineswegs. Deshalb: Sensibel sein und in fragwürdigen Situationen die Un-Rechtmäßigkeit hinterfragen.

Arten der Diskriminierung

Direkte und offene Diskriminierungen sind sofort erkennbar und werden von der Mehrheit der Menschen (allein schon wegen der Erkennbarkeit) abgelehnt.

Oft äußern sich Diskriminierungen in Form von Mobbing (auch und neuerdings verstärkt in den sozialen Medien), Schmähungen, Ausgrenzungen oder gar körperlicher oder seelischer Gewalt. Diese Diskriminierungen zeigen deutlich Vorurteile oder Intoleranz und finden kaum die Zustimmung der Masse.

Kritischer wird es bei versteckten beziehungsweise indirekten Diskriminierungen, da diese Diskriminierungs-Formen, wie es der Name bereits ausdrückt, nicht sofort erkannt werden beziehungsweise erkannt werden müssen.

Was ist eine versteckte Diskriminierung? Beschreibungen sind heute meist geschlechtsneutral formuliert. Allerdings sind in der Realität manchmal geschlechtsspezifische Unterschiede wirksam. Durch die geschlechtsneutrale Formulierung wird dann eine Diskriminierung erzeugt, also eine tatsächliche Benachteiligung von Frauen oder von Männern.

Eine versteckte Diskriminierung liegt auch dann vor, wenn eine Regelung oder Gesetzesvorlage zwar formal auf In- und Ausländer gleichermaßen anwendbar ist, die tatsächlich faktischen Auswirkungen aber überwiegend aufgrund der Staatsangehörigkeit eintreten.

Wer Intoleranz als Lebenseinstellung wählt, spricht bestimmten Gruppen die Menschenwürde ab.[5]

---

[5] Quelle: Information zur politischen Bildung Nr. 297/2007

Claudia: „Liebe Studierende, das Thema der Diskriminierung ist echt wichtig. Schnell wird etwas gesagt oder getan, was dem anderen weh tut. Vielleicht war es gar nicht die Absicht, den anderen zu verletzen.

Seid ein wenig sensibler im Umgang mit euren Kommilitonen, wie auch mit den Beschäftigten und den Lehrenden.

Auch wenn es manchmal nicht so aussieht, jeder hat Gefühle und möchte nicht – weder gewollt noch ungewollt – in diesen verletzt werden.

Weiter oben haben wir über ausländische Studierende gesprochen. Aufgrund deren Kultur kommt es auch zu (ungewollten) Diskriminierungen, die beleidigend sein können.

Also: Zeigt Empathie, geht sensibel vor und behandelt jeden so, dass es keinen Anlass zur Diskriminierung gibt."

Mobbing, Bossing, Bullying

‚Mob‘ steht für Pöbel, ‚mobbish‘ für pöbelhaft. Wenn der Begriff Mobbing verwendet wird, bedeutet dies Anpöbeln oder Runtermachen.

Tatsächlich werden unter Mobbing böswillige Handlungen über einen längeren Zeitraum verstanden, die kein anderes Ziel haben, als einen anderen Menschen fertig zu machen.

Gemobbt werden kann von einer einzelnen Person an einer anderen. Aber auch komplette Gruppen können mobben (zum Beispiel eine Unigruppe).

Die böswillige Absicht wird unterstellt.

Als wäre das nicht genug, ist eine weitere Kategorisierung möglich; das sogenannte Bullying (‚bully‘ aus dem Englischen: ‚brutaler Kerl‘, ‚Rüpel‘, ‚Rabauke‘, ‚Schläger‘, ‚Tyrann‘).

Bullying steht für bedrohliches Einschüchtern, aggressives Tyrannisieren, was häufig unter Einsatz von Gewalt mit dem Ziel geschieht, das Opfer zu zerstören.

Hierzu zählen neben Hänseleien, Bedrohungen und Erpressungen auch üble Nachrede, Verleumdung oder systematisches Ignorieren. Das Bullying wird oft so durchgeführt, dass Dritte es nicht mitbekommen.

Cyber-Mobbing

Mobbing gibt es an vielen Stellen im Berufsleben. Angefangen in der Schule, an der Universität, am Arbeits- oder Ausbildungsplatz, im Verein, im Gefängnis, aber auch im Altersheim.

Neuerdings verstärkt auch im Internet, was dann als Cyber-Mobbing bezeichnet wird. In jüngster Vergangenheit zeigten zahlreiche Beispiele, wie schnell, dank des benutzten Mediums, Mobbing auf die/den Betroffene/n von vielen ausgeübt werden kann.

So bleibt Mobbing an Universitäten bedauerlicherweise auch nicht aus.

Cyber-Bullying

Durch neue Techniken entwickeln sich neue Möglichkeiten. So entstand das Cyber-Bullying, in dem die Täter Smartphone oder Internet einsetzen.

So werden zum Beispiel die Opfer bei Übergriffen oder in privater Atmosphäre (wie in Toiletten-Räumen) gefilmt. Anschließend wird das Material an andere versendet oder gar im Internet für jedermann zugänglich gemacht. Das Opfer wird zusätzlich durch das Öffentlichmachen gedemütigt.

Übrigens: In Großbritannien wird der Begriff Bullying wie bei uns der Begriff Mobbing verwendet.

Upskirting

Claudia: *„Habt ihr schon von Upskirting gehört?*

Ein Skirt ist ein (Damen-)Rock. Einige Studierende tragen Hosen, andere Röcke. Im Supermarkt kniet ein Mann vor einem Regal. Ob er etwas im unteren Fach sucht? Nein, er hält sein Smartphone unter den Rock der neben ihm stehenden, ahnungslosen Kundin und filmt oder fotografiert nach oben in den Intimbereich. Es handelt sich also um einen voyeuristischen Vorgang, von dem die fotografierte Frau nichts mitbekommen soll.

Der Mann wird die Aufnahmen später in den sozialen Netzen veröffentlichen und mit interessierten Nutzern teilen.

Das ist verachtenswert!"

Einsatz von körperlicher Gewalt

Bei Mobbing, Bossing, Bullying (MBB) und den anderen Formen handelt es sich um Verhaltensweisen von Personen mit Charakterdefiziten, die in allen Bereichen des gesellschaftlichen Lebens ihr Unwesen treiben wie zum Beispiel: Politik, Kirche, Verwaltung, Unternehmen, Schule und Ausbildung, Verein, sogar in der Familie.

Auch ist es möglich, dass die soziale Kompetenz des Täters relativ hoch ist, er sich aber nicht in die Gedankenwelt der Opfer versetzen kann oder will. Es fehlt hier die Empathie – die Einfühlungskraft. Täter wie Opfer können aus allen Schichten kommen.

Allerdings sind es meist Schwächere, Minderheiten, Menschen mit körperlicher Behinderung und andere, denen oft großer seelischer und gesundheitlicher Schaden zugefügt wird.

Zur Illustration hier einige Beispiele aus der schier unbegrenzten MBB-Liste:

- Soziale Ausgrenzung
- Destruktive Kritik, beispielsweise am Aussehen oder Verhalten der Person
- Vorenthalten oder verspätetes Weiterleiten wichtiger Informationen
- Herabwürdigen der Privatsphäre
- Intrigen
- Herabsetzende Gerüchte
- Gezielte Beschädigung des Ansehens der Person
- Ausgrenzung bei Gruppen- und Teamarbeiten
- Herabsetzung der Arbeitsleistung, speziell in Anwesenheit des Professors oder des Dozenten
- Nichtbeachtung
- Gesundheitsgefährdender Zeitdruck; bewusst Stress aufbauen
- Angriffe gegen das Selbstwertgefühl
- Verleumdung
- Üble Nachrede
- Veröffentlichen von privaten Fotos oder Videos, speziell diskriminierender Art

Jeder, der sich am Mobbing, Bossing, Bullying und so weiter beteiligt, macht sich schuldig!

Auch jene, die diese Verhaltensmuster stillschweigend beobachten, also nicht eingreifen, sind gleichermaßen von Schuld nicht freizusprechen. Es gibt genügend Möglichkeiten, dem Gemobbten aktiv oder passiv zu helfen. Wegschauen gehört nicht dazu!

Angst und Mobbing

Auch an Hochschulen haben einige Angst. Angst vor dem Versagen, schlechte Noten heimzubringen, vor den Kommilitonen nicht bestehen zu können.

Sorgen Sie dafür, dass alle in einem angstfreien Rahmen und Raum arbeiten können. Achten Sie darauf, dass niemand gemobbt wird. Und wenn ja – gehen Sie direkt dagegen vor.

Sie sind es nicht nur dem anderen schuldig. Tragen Sie dazu bei, auch für sich selbst ein angenehmes Studienklima zu schaffen.

Gegen Mobbing wehren

Was können Sie als Betroffene/r, also als Gemobbte/r tun? Vor allen Dingen: Nicht die Augen verschließen! Jeder Tag, den Sie ungenutzt verstreichen lassen, verstärkt das Mobbing gegen Sie. Weggucken hilft nicht – auch „es wird schon wieder werden" hilft hier nicht.

Claudia: *„Mir will es sowieso nicht in den Kopf, wie erwachsene Studierende andere mobben können. Was soll das? Aus dem Kindergarten sind wir raus! Mobbt nicht, beteiligt euch nicht am Mobben und schaut nicht weg!*

Mobbing gehört sich nicht! Duldet diese Unart nicht!"

Selbstbewusstsein braucht keine Diskriminierung

Menschen mit starkem Selbstbewusstsein, mit Blick aufs Neue und Andersartige, mit Einblick in die Denkweise fremdländischer Kulturen, mit gefestigten (im Sinne von gesicherten) Lebensverhältnissen und mit großem Bekanntenkreis – aber unabhängig ihres sozialen Status' und der finanziellen Verhältnisse, wird es sicherlich ein Leichtes sein, Diskriminierungen zu vermeiden.

Das heißt, dass der Ausbau des Selbstbewusstseins helfen könnte, der Diskriminierung entsprechend zu begegnen.

Die Problematik ist, dass sich eine große Anzahl von Menschen als nicht selbst-bewusst empfindet. Oder angibt, dass ihr Selbstbewusstsein nicht stark ausge-prägt ist.

Vielleicht ließe sich hier der Hebel ansetzen, um Diskriminierung vorzubeugen?

Vorurteile

Dass irgendein Mensch auf Erden ohne Vorurteil sein könnte, ist das größte Vorurteil.
August von Kotzebue, dt. Jurist
(1761 - 1819)

„Die feinen Pinsel der Privatuni."

Nun lässt sich mit ziemlicher Sicherheit behaupten, dass Studierende an privaten Hochschuleinrichtungen nicht unbedingt zu den benachteiligten Menschen gehören. Aber mit ebenso gleicher ziemlicher Sicherheit kann festgehalten werden, dass nicht jeder privat Studierende aus einem Haushalt stammt, in dem Geld überhaupt keine Rolle mehr spielt.

Der eine oder andere hat sich durch Fleiß ein Stipendium erworben und kann somit stolz darauf sein, zwar fremdfinanziert aber dennoch privat studieren zu können.

Was er allerdings nicht immer kann, ist sich ständig so zu kleiden oder zu verhalten, wie Kommilitonen das tun können, die aus finanziell unabhängigen Haushalten stammen.

Hier wird eine gegenseitige Rücksichtnahme erwartet. Der eine soll problemlos zugeben können, dass er für sein eigenes Studium hart arbeitet, gegebenenfalls nebenher jobbt, der andere kann eingestehen, dass er in ein ‚gemachtes Nest' fiel. Trotzdem – oder gerade deshalb – können beide es schaffen, sehr gut miteinander auszukommen. Jeder hat seine Stärken, die beide nutzen können.

„Sagt die eine Blondine zu der anderen ..."

Mal sind es die Blondinen (Fragt eine Blondine die andere: „Was meinst du, was ist weiter entfernt von uns, New York oder der Mond?" Sagt die andere: „Hallo? Kannst Du von hier aus etwa New York sehen?"), dann die Ostfriesen (Ein Ostfriese erzählt seinem Nachbarn: „Ich habe jetzt ein Zahlenschloss an meinen Kuhstall anbringen lassen. Alle Ziffern sind Fünfen, aber ich sage nicht, in welcher Reihenfolge."), mal die Österreicher (Geht ein Österreicher auf dem Gehweg lang und sieht in 10 Meter Entfernung eine Bananenschale liegen. Was denkt er? „Oh verdammt, jetzt fliege ich schon wieder auf die Schnauze."), oder die Lehrer ...

Auf der ‚falschen‘ Seite stehen

In Köln genügt es schon, auf der ‚falschen‘ Rheinseite, der ‚schääl Sick‘, nämlich auf der rechten Rheinseite, zu wohnen, um schielend oder schief (aber trotzdem liebevoll, fast bemitleidend) angeschaut zu werden.

In der Mainzer Fastnacht werden regelmäßig die Wiesbadener (in Köln die Düsseldorfer) ‚auf die Schippe‘ genommen. Das klingt zwar oft lustig, mag aber dem einen oder anderen Betroffenen doch einen kleinen Stich ins Herz versetzen.

Denn, Vorurteile, die der Einzelne in sich trägt, steigern die Gefahr von Diskriminierung deutlich. Das hängt unter anderen Einflüssen ebenso ab von:

- Familiärer Sozialisation
- Zugehörigkeit zu einer Clique oder ‚Gang‘
- Zugehörigkeit zu einem bestimmten Studienzweig
- Bildungsgrad
- Geschlecht
- Nationalstolz
- Alter
- Reife beziehungsweise ‚Un-Reife‘
- Netzwerk mit anderen Menschen
- Kontakte mit Ausländern
- Geburtsort

Stereotypen

„Was studierst du denn hier an der Uni?“ „International Business.“ „Ach so, dann gehörst du zu den Arroganten.“ Oder:

„Was studierst du denn hier an der Uni?“ „General Management.“ „Ach so, dann sprichst du kein Englisch.“

Zwei Kurzdialoge, die zeigen sollen, dass lediglich aufgrund der Auswahl zu einem Studienprogramm ein anderer seine Vorurteile (negativ) äußert.

Klar, es mag sein, dass in einem Programm ein Arroganter sitzt und in einem anderen einer nicht gut Englisch spricht. Das kann so sein – muss also nicht.

Das Überstülpen dieser Meinungen auf alle anderen erzeugt Neid und Konflikte, die locker vermieden werden könnten.

Wird nicht ein Einzelner, sondern eine ganze Gruppe oder gar Bevölkerungsgruppe in ‚eine Schublade gesteckt‘, wird vom Stereotypen-Denken gesprochen.

Aussagen wie:

- Alle Schweden haben blonde Haare.
- Alle Franzosen lieben Rotwein.
- Alle Japaner essen rohen Fisch.

Das Stereotypen-Denken hilft, Menschen zuzuordnen beziehungsweise einzuordnen. Es mag interessant sein zu wissen, dass Franzosen roten Wein trinken. Denn es hilft, über die Gewohnheiten der Menschen Neues zu erfahren und zu lernen.

Das Allgemeinwissen baut sich aus. Wird über Rotwein gesprochen, kommen früher oder später auch die Franzosen ins Spiel.

Die Gefahr des Stereotypen-Denkens besteht durch die fälschliche Annahme, dass nicht nur ein Franzose Rotwein trinkt, sondern viele. Noch kritischer wird es, wenn Ihr Gesprächs-Partner behauptet, dass alle Franzosen Rotwein trinken. Das stimmt nicht. Sie kennen folgende Behauptungen:

- Alle X stehlen Autos.
- Alle X produzieren Rauschgift.
- Alle X betreiben Menschenhandel.

Durchbrechen Sie diese Verallgemeinerungen, sollte jemand mit solchen Aussagen aufwarten. Hinterfragen Sie: „Wirklich alle Schweden?" „Na ja, viele Schweden", mag die Antwort sein. Dann hört sich die Sache schon ganz anders an; denn auch bei den Italienern, US-Amerikanern und Briten gibt es blondhaarige Bürger/innen.

Jetzt, da Sie mit Studierenden anderer Kulturen zusammen studieren, liegt es auf der Zunge zu äußern, dass „alle Chinesen …". Stopp! Unterbrechen Sie sich selbst und verallgemeinern Sie nicht.

Sie kennen keineswegs alle Chinesen! Unmöglich!

Das trügerische Schönheitsbild

Hässliche Menschen haben im allgemeinen mehr Geist,
weil sie weniger Gelegenheit für Vergnügen und mehr Zeit fürs Studium haben.
Claude-Adrien Helvetius, frz. Philosoph
(1715 - 1771)

Lookism – schön aussehen

Wer mag wegen seines Aussehens schief angesehen werden? Ästhetisch schön wirkende Menschen haben in unserer Kultur einen leichteren Zugang zum beruflichen Erfolg. Sie werden gesellschaftlich schneller akzeptiert und scheinen es leichter zu haben, bei unterschiedlichen Ansichten schnelle Lösungen mit ihrem Professor zu finden.

Verständlicherweise kann nicht jeder den gängigen Schönheitsbildern entsprechen. Das Wort Lookism wird für die systematische Diskriminierung von Menschen benutzt, die nicht den vorherrschenden Schönheitsnormen entsprechen.

Dabei geht es um die Anpassung an das, was von der Gesellschaft als Schönheitsideal gesehen wird. Das äußert sich in den Wörtern Schön-/Schlankheitswahn oder auch Körperkult.

Hunderte, Tausende, ja vielleicht Hunderttausende in unserem Kulturkreis sind unzufrieden mit ihrer Figur.

Die Medien zeigen das Abbild eines Menschen, den es nur im Ausnahmefall geben mag.

Schönheit retuschiert

Fast jeder weiß, dass es hervorragende Bildbearbeitungsprogramme gibt, die schnell Hautunreinheiten auf Bildern entfernen, das Gesicht oder den Körper schmaler aussehen lassen, Augenbrauen und Haarfarbe anpassen und so weiter.

Es werden (Ab-)Bilder geschaffen, die mit der Realität kaum etwas zu tun haben.

Diese Bilder werden dann in den sozialen Netzwerken veröffentlicht. Dadurch entsteht ein unglaublicher Druck auf den Einzelnen, selbst auch gut aussehen zu wollen, um beim täglichen Wettbewerb des Schönheitsideals nicht hinten runterzufallen.

Der Nutzer macht sich schöner als er ist – und ständig noch schöner, um das kursierende Schönheitsbild zu bestätigen.

Ästhetisch schön aber körperlich kaputt

Viele wünschen sich genauso auszusehen, wie auf den manipulierten Bildern dargestellt. Sie springen von Diät zu Diät und fallen dann auf den sogenannten Jo-Jo-Effekt herein. Die Unzufriedenheit steigt.

Bald nagt die Frage, ob nicht eine Absaugpumpe oder ein Messer helfen kann. Der Besuch beim Schönheitschirurgen bringt manchmal den gewünschten Effekt. Manchmal allerdings auch nicht – und dann ist die Enttäuschung sehr groß.

Hunderte, Tausende, ja vielleicht Hunderttausende greifen tagtäglich zu Cremes, Gels oder Tinkturen. Diese Mittel sollen helfen, Falten zu verbergen, die Haut jünger aussehen zu lassen, den Menschen positiv zu verändern.

Alle aufgeführten Punkte mögen ja nicht schlimm sein, wenn sich jemand ein etwas anderes Outfit zulegen möchte. Kritisch wird es erst dann, wenn die Gesellschaft Menschen, die einem ‚Idealbild' nicht entsprechen, benachteiligen.

Demnach: Wer dem Schönheitsideal nicht entspricht, hat mit Nachteilen zu rechnen. Oder anders ausgedrückt: Menschen, die nach den gängigen Idealvorstellungen gewachsen sind, haben eindeutige Vorteile.

Jeder kann dazu beitragen, jeden Menschen, wie auch immer er oder sie aussieht, gleichermaßen zu behandeln, beziehungsweise ihm oder ihr zu begegnen. Nicht vergessen: Auf die inneren Werte kommt es an!

Hilfe in Anspruch nehmen

Gerade an privaten Hochschulen gibt es eine ganze Menge Studierender, die (verzweifelt?) versuchen, einem bestimmten Idealbild zu entsprechen. Magersucht kommt schon vor.

Helfen Sie einander, wenn Sie merken, dass jemand Hilfe braucht.

Wenden Sie sich gegebenenfalls an die Universitäts-Psychologen oder die/den Beauftragte/n, wenn Sie selbst Hilfe nötig haben.

Dort sitzen in der Regel Profis, die Ihnen Wege aufzeigen können, um wieder in ‚vernünftige' Bahnen zu gelangen.

Claudia: *„Zögert nicht, wenn ihr Zweifel oben angedeuteter Art an euch bemerkt. Unsere Beauftragten können euch bestimmt wertvolle Tipps geben oder Kontakte zu Fachleuten vermitteln.*

Vergleichbares gilt bei psychischen und anderen Problemen. Viele plagen und quälen sich mit für sie unlösbaren Situationen. Traut euch – vertraut euch vertrauenswürdigen Beauftragten an, die euch helfen können. Ihr seid nicht allein!"

Gerechtigkeit, Gleichheit, Neid, Mobbing

Alle Menschen sind vor dem Gesetz gleich.
Grundgesetz für die Bundesrepublik Deutschland,
Die Grundrechte, Artikel 3

Die Kirschen in Nachbars Garten ...

„Lass uns gerecht teilen. Du bekommst die größere Hälfte", sagt die Ehefrau, als sie das letzte Tortenstück in zwei Stücke schneidet.

Abgesehen davon, dass es mathematisch betrachtet immer nur zwei gleich große Hälften geben kann, ist das kulinarisch betrachtet etwas weniger pingelig zu sehen.

Ist es aber nicht so, dass der Mensch lieber das Bessere, Größere, Schönere besitzen will? Kommt nicht etwas Neid auf, wenn die Kirschen in Nachbars Garten leckerer aussehen?

Ist es nicht so, dass sich die Menschenschlange an der Nachbarkasse im Supermarkt schneller abbaut? Ist es nicht ungerecht, dass mancher Faulenzer reich erbt und dann noch fauler wird? Wo bleibt die Gerechtigkeit?

Gefühl der Ungerechtigkeit

Hatten Sie schon einmal das Gefühl, ungerecht behandelt worden zu sein?

Untersuchungen haben belegt, dass Beschäftigte ein niedrigeres Einkommen einem höheren vorziehen, wenn sie dafür der Meinung sind, gerecht behandelt zu werden.

Das ist interessant, widerlegt es doch die Überlegung, dass Geld die oberste Priorität hat. Offensichtlich ist ein angenehmes Betriebsklima (Klima an der Universität) und das damit verbundene Gefühl, gerecht behandelt zu werden, weitaus wichtiger.

Fühlt sich ein Mensch auf Dauer ungerecht behandelt, wird sein Unmut steigen, Demotivation wird um sich greifen, Verbitterung stellt sich ein und gegebenenfalls wird sogar ein Studienplatzwechsel in Betracht gezogen.

Haben viele Menschen das Gefühl ungerecht behandelt zu werden, wird die Gesellschaft (hier die Gemeinschaft der Studierenden) auf Dauer instabil werden.

Daraus folgend muss die Wirtschaftspolitik ständig danach streben, für möglichst viele Menschen Gerechtigkeit zu erreichen.

Das bedeutet in Konsequenz, dass niemand schlechter behandelt werden darf als ein anderer.

Also: Gönnen wir unserem Nachbarn seine Kirschen, auch wenn es schwerfällt.

Sind wir mit dem zufrieden, was wir haben!

Gleichberechtigung in Wort und Schrift

Ist es eine Zauberin oder eine Zaubererin?
Bastian Sick, dt. Journalist,
Der Dativ ist dem Genitiv sein Tod Teil 2
(*1965)

Damen-Mannschaft

„Herrliches Wetter heute!" Ist Ihnen aufgefallen, dass das Wort ‚herrlich' von Herr abgeleitet wird? Und was bedeutet damenhaft – beziehungsweise damenlich, also dämlich? Ob sich aus den Wörtern herrlich und dämlich die frühere Wertanschauung von Mann und Frau ablesen lässt? Nein, denn dämlich kommt tatsächlich von dem Wort dumm, also dümmlich.[6]

Viele Wörter weisen auf das Geschlecht hin. Zum Beispiel:

- Herrschaft, herrenlos, Herrensitz, herrschaftlich, Herrschergeschlecht, herrschsüchtig, herrschen, aller Herren Länder, Herrenhaus, herrlich, Herrlichkeit, Herrgott
- mannigfaltig, Mannschaft, Mann-o-Mann!, Mannsbild, Spielmannszug, mannhaft, Mannschaftsgeist, mannshoch, Mannschaftswagen, Brüderschaft trinken, Klabautermann, Steuermann, Seemann, mannestoll, Sensenmann, Wandersmann, Lebemann, Manneskraft

Besonders schön: Herren-Mann-Schaft(!). Und wie gefällt Ihnen der Begriff: Damen-Mann-Schaft?

Woher kommen diese männlichen Bezeichnungen? Vielleicht durch männliche Normen?

Bezeichnungen ohne Gegenstück

Bei den folgenden Begriffen fielen uns keine Gegenbezeichnungen ein. Oder haben Sie schon einmal von einer Pantoffel-Heldin gehört?

- Kavalier, Chefsache, Witzbold, Snob, Schwächling, Vordermann, Einmannzelt, Gasmann, Sandmännchen, Bursche, Lustknabe, Lüstling, Lustmolch,

---

[6] Quelle: Der Große Duden Etymologie, 7. verbesserte Auflage von 1963

Muskelprotz, Bettelmann, Hauptmann (nicht Hauptfrau!), Kreuzfahrer, Hampelmann, Strohmann, Engel, Herrentorte, Herrenschokolade, Hagestolz, Krösus, Clown, Vorstand, Gnom, Vaterland, Griesgram, Zwerg, Blaumann, Müllmann und schließlich der Heiland

Und hier fehlt das männliche Pendant.

- Frauenarzt, Schreckschraube, Zimtzicke, Mauerblümchen, Klageweib, Klatschbase, Damenstift, Zweit-, Neben- und Hauptfrau, Hebamme, Zugehfrau, Damenkränzchen, Frauenpower, Fräulein, Emanze, Muttersprache, Elfe, Blaustrumpf, Muttermal, Kinderfrau, Trümmerfrau

Hier kann es kein Gegenstück geben:

- Wöchnerin, Vaterschaftstest

Die weibliche Amazone entspricht dem männlichen Herrenreiter. Die Nonne arbeitet auf der einen Seite, der Mönch auf der anderen.

Und das Gegenteil eines Vatermörders (Hemdkragen in früherer Zeit) ist nicht der Frauenmörder. In der Pflanzenwelt treffen wir auf Männertreu, aber auch auf den Frauenmantel und den Frauenschuh.

Männliche Norm

Normen und Vorschriften haben sich historisch an der männlichen Lebensrealität orientiert. Dies wird schon sprachlich – wie oben aufgelistet – deutlich. Soll vermieden werden, dass hier Diskussionen entstehen, muss anders gedacht, geredet und geschrieben werden.

Texte in weiblicher und männlicher Form

Hier ein Textbeispiel aus dem Gesetzestext zum AGG.

‚Die Bundesministerin oder der Bundesminister für Familie, Senioren, Frauen und Jugend entlässt die Leiterin oder den Leiter der Antidiskriminierungsstelle des Bundes auf deren Verlangen oder wenn Gründe vorliegen, die bei einer Richterin oder einem Richter auf Lebenszeit die Entlassung aus dem Dienst rechtfertigen.

Im Falle der Beendigung des Amtsverhältnisses erhält die Leiterin oder der Leiter der Antidiskriminierungsstelle des Bundes eine von der Bundesministerin oder dem Bundesminister für Familie, Senioren, Frauen und Jugend vollzogene Urkunde.

Die Entlassung wird mit der Aushändigung der Urkunde wirksam.'

Genossinnen und Genossen

Manchem Zuhörer scheint die Verwendung der politisch korrekten Form übertrieben zu sein. Andererseits sind nicht nur Männer im Raum, sondern eben Männer und Frauen. Also müsste korrekt geschrieben sein: Mancher Zuhörerin und manchem Zuhörer scheint das übertrieben zu sein.

Da niemand benachteiligt werden soll, müsste in Konsequenz immer die weibliche und männliche Form verwendet werden. In der Praxis erscheint das manchmal allerdings sehr umständlich. „Liebe Teilnehmerin, lieber Teilnehmer, liebe Ehrengästin, lieber Ehrengast, liebe Angereiste, lieber Angereister.

Ich freue mich, heute die Sängerinnen und Sänger begrüßen zu dürfen, die mit Ihnen, liebe Damen, liebe Herren, eine musikalische Reise durch die Welt erleben werden. Wir werden Sie nach Paris entführen, wo Sie unsere Sängerinnen und Sänger in den kulinarischen Lebensmut der Pariserinnen und Pariser einführen werden. Danach fliegen wir nach Rom, wo uns feurige Römerinnen und Römer …"

Manchmal wird es auch wirklich schwierig, das weibliche Gegenstück zur männlichen Form zu finden.

Nicht umsonst heißt es Studierende, Lehrende, Beschäftigte, um der weiblichen und männlichen Form Genüge zu leisten.

Trotzdem ist es korrekt und richtig, die für jeden passende Form zu verwenden.

In Präsentationen, Vorträgen und Reden ergeben sich dadurch manchmal ‚gedrechselt' wirkende Formulierung, nur um der Form zu genügen.

Werden (Fall-)Beispiele gegeben, sollte hier nicht immer vom (männlichen) Vorgesetzten und der (weiblichen) Mitarbeiterin gesprochen werden.

Tauschen Sie die Geschlechtsformen aus, damit die Zuhörer und Zuhörerinnen andere Konstellationen wahrnehmen, die sich im Gedächtnis einprägen. So wird es nach und nach selbstverständlich, dass ungewohnte Konstellationen in der Realität greifen können. „Die Vorstandsvorsitzende beauftragte ihren Assistenten …"

Claudia: *„Nun wende ich mich an alle ‚Mädels' an unserer Uni. Bringt ihr in Diskussionen berufliche Positionen ein, verwendet häufiger die weibliche Form. Statt ‚der Abteilungsleiter' ganz selbstverständlich ‚die Abteilungsleiterin' wählen.*

Wenn ihr von euch selbst sprecht, sollte die weibliche Form sowieso ausnahmslos verwendet werden. Schwach: ‚Ich, als Bewerber …'. Besser: ‚Ich, als Bewerberin …'.

Die gewählte Variante zeigt nicht nur ein gesundes Selbstbewusstsein, sondern auch, dass ihr euch gedanklich und lange in der gleichberechtigten rhetorischen Mann-Frau-Konstellation bewegt."

Diskriminierende Sprache

Du dusselige Kuh!
Alfred Tetzlaff (der Schauspieler Heinz Schubert), das Ekel
(Ein Herz und eine Seele, von Wolfgang Menge, 1924 - 2012)
(als Anrede für seine Ehefrau in der Rolle der Else)
(1925 - 1999)

Vom Mäuschen zum Kamel

Ihnen ist bestimmt auch schon einmal aufgefallen, dass die tierischen Kosenamen anfangs einer (intimen) Beziehung eher auf kleine Tiere hinweisen:

- „Mein Mäuschen, liebes Häschen, hallo Spatzilein, mein Täubchen,"

oder sogar nur auf Tierteile

- „Rattenschwänzchen, Mauseöhrchen"

Aber nach ein paar Jahren wurden die Beziehungen, wie auch die Bezeichnungen, erwachsen:

- „Blöder Esel, dumme Kuh, Affe, doofe Ziege, Hornochse"

Oder manchmal nur Tierteile

- „Affenar..."

Was können die bedauernswerten Tiere für die abflachende Liebe?

„Hast du den Typ da drüben gesehen?"

Manchmal rutscht einem ein abfälliges Wort über die Lippen. Im Sinne der Anti-Diskriminierung soll und darf das natürlich nicht sein.

Ist Ihnen eine dieser abfälligen Bezeichnungen schon einmal zu Ohren gekommen?:

- „... der <u>Typ</u> da ..."
- „... die dumme Kuh ..."
- „... die alte Zicke ..."

Dachten Sie – wenn Sie Beschäftigte der Hochschule meinten – schon mal:

- „... die da oben ..."
- „... die Sesselpupser ..."

- „… die Sturköpfe …"
- „… der Penner …"?

Heißt Ihr Dozent „der Schulze" oder „Herr Schulze"? Ist Ihre Professorin „die Fischer" oder „Professorin Fischer"?

Menschenrechte

Das Wort Menschenrechte bezeichnet die Idee und die Umsetzung, wonach allen Menschen bestimmte Rechte zustehen. Menschenrechte stehen jedem Menschen zu, und zwar allein aufgrund der Tatsache, ein Mensch zu sein.

Die Menschenrechte – im Gegensatz zu den Bürgerrechten – gelten für alle Menschen unabhängig ihrer Staatszugehörigkeit.

Demnach darf kein Unterschied in Bezug auf Rasse, Hautfarbe, Geschlecht, Sprache, Religion, politischer oder sonstiger Anschauung, nationaler oder sozialer Herkunft, Vermögen, Geburt oder sonstigem Stand gezogen werden.

Jeder verfügt von Geburt an über die gleichen, unveräußerlichen Rechte.

In 30 Artikeln listet die Resolution 217 A (III) der Generalversammlung der Vereinten Nationen vom 10. Dezember 1948 die Menschenrechte auf.

Das Allgemeine Gleichbehandlungsgesetz (AGG)

Seit dem 18.08.2006 (ergänzte Fassung 12.12.2006) ist die allgemeine Gleichbehandlung in Deutschland Gesetz. Das Allgemeine Gleichbehandlungsgesetz, auch als Anti-Diskriminierungs-Gesetz (früher: ADG) bezeichnet, ist in Kraft.

Ziel des Gesetzes

Benachteiligungen sollen verhindert oder beseitigt werden, Benachteiligung wegen:

- der Rasse
- der ethnischen Herkunft
- des Geschlechts
- der Religion
- der Weltanschauung
- einer Behinderung
- des Alters
- der sexuellen Identität

Eine unterschiedliche Behandlung ist dann möglich, wenn diese aufgrund der Art der auszuübenden Tätigkeit eine wesentliche und entscheidende berufliche Anforderung darstellt, rechtmäßig und angemessen ist.

Zulässige unterschiedliche Behandlung

Eine Verletzung im Sinne der aufgeführten Benachteiligungen ist nicht gegeben, wenn sie

- der Vermeidung von Gefahren oder
- der Verhütung von Schäden dient, oder
- dem Bedürfnis nach Schutz der Intimsphäre oder
- der persönlichen Sicherheit Rechnung trägt, oder
- besondere Vorteile gewährt und ein Interesse an der Durchsetzung der Gleichbehandlung fehlt.

So zählt eine Ungleichbehandlung nicht zur Diskriminierung, wenn es dafür einen sachlichen Grund gibt. Zum Beispiel die Altersbeschränkung bei der Abgabe von Alkohol an Kinder und Jugendliche. Dieses ist keine Form der Altersdiskriminierung, sondern als Schutz der jungen Menschen zu betrachten.

Antidiskriminierungsstelle

Die Antidiskriminierungsstelle des Bundes ist beim Bundesministerium für Familie, Senioren, Frauen und Jugend untergebracht. Diese Stelle unterstützt auf unabhängige Weise Personen bei der Durchsetzung ihrer Rechte zum Schutz vor Benachteiligungen.

Individualität

Es ist entwürdigend, wenn der Mensch seine Individualität verliert
und zu einem bloßen Rädchen im Getriebe wird.
Mahatma Gandhi, ind. Freiheitskämpfer
(1869 - 1948)

Akzeptanz aller Glaubensrichtungen

Der eine glaubt an einen Gott, der andere an mehrere Götter. Für den einen ist es wichtig, wie Buddha lebte, für den anderen zählt Mohammed.

Ob Naturreligionen, Christentum, Judentum, Hinduismus, Buddhismus und andere – das Glaubensangebot ist wirklich vielfältig.

Nur bedauerlich, dass der Mensch Schwierigkeiten damit hat, den Glauben anderer zu akzeptieren oder zu tolerieren.

Schon Pharao Echnatons Wandel, nach mehreren Göttern nur noch einen, nämlich den Sonnengott anzuerkennen, wurde nach Echnatons Tod rückgängig gemacht. Viele Darstellungen wurden zerstört, und es wurde zum ‚alten‘ Glauben zurückgekehrt.

Die Inkas, Azteken und Majas hatten ihren Glauben – solange, bis der römisch-katholische Glaube mit brutaler Gewalt durchgesetzt wurde. Bekannt sind die Geschichten der christlichen Missionare, die weltumspannend versuchten und versuchen, den eigenen Glauben als den (einzig) richtigen zu ‚vermarkten‘. Eine große Anzahl ‚Eingeborenen-Völker' wurden ‚bekehrt', seitdem einem anderen Glauben nachzueifern und Lendenschurze zu tragen.

Die Römer hatten ihre Gottheiten, die Griechen auch. Die Germanen und die Wikinger ebenso. Noch heute richten sich manche Verhaltensmuster – ist es Aberglaube? – nach dem damaligen Denken.

So soll zwischen den Jahren keine Wäsche zum Trocknen aufgehängt werden, da die Göttin Freya mit ihren Gefolgsleuten durch die Landschaft galoppiert(e) und im wilden Ritt nicht an der Wäscheschnur hängenbleiben und vom Pferd stürzen soll(te).

Es gilt: Akzeptanz aller Glaubensrichtungen und zwar von allen Seiten aus.

Es muss an einer modernen und zukunftsorientierten Hochschule völlig gleichgültig sein, welcher Religion ein Studierender angehört oder auch gar keiner religiösen Glaubensrichtung folgt. Dasselbe Recht der Religionsfreiheit gilt selbstverständlich auch für Beschäftigte und Lehrende.

Es ist eine Entscheidung der akademischen Einrichtung, ob Räume zum Beten zur Verfügung stehen und ob sich das Speisenangebot in der Mensa an der religiösen Orientierung anlehnt.

Claudia: *„Liebe Studierende. Achtet die religiöse Einstellung anderer. Will jemand in seiner gewohnten Art beten, bietet ihm die Möglichkeit.*

Es ist uns allen klar, dass es keine bessere oder schlechtere Religion gibt. Deshalb verbietet sich die Abwertung der einen oder der anderen Glaubensausrichtung.

Seid froh, dass wir in einer offenen Kultur leben, in der jeder seiner religiösen Vorlieben entsprechend leben darf. Solange die Religion keinen (negativen) Einfluss auf die fachliche Vermittlung inhaltlicher Themen oder auf das studentische Zusammenleben nimmt, ist alles in Ordnung."

Sexuelle Orientierung

Wir leiden an einer Überschätzung der Sexualität.
Und ich glaube, dieses ganze Geschrei über Sexualität, Erotik, Unsittlichkeit
entspringt einem einzigen: dem Mangel an Kraft.
Kurt Tucholsky, dt. Schriftsteller
(1890 - 1935)

Nicht jeder spricht darüber ...

... aber kaum einer kann sich dem entziehen. Vielleicht widerspräche der Entzug dem biologischen Trieb nach Sexualität.

Rein biologisch und vielleicht auch erdgeschichtlich betrachtet, bleibt dem Menschen ja gar nichts anderes übrig, als sich fortzupflanzen, um seine ,Art‘ zu erhalten. Fügte sich die Menschheit nicht dieser Notwendigkeit, wäre sie schon gar nicht mehr da.

Demnach muss es offensichtlich zum Wichtigsten gehören, sich fortzupflanzen. Sagen wir mal so, der Mensch muss sich zwangsläufig der Sexualität beugen.

Und damit ein jeder seiner Pflicht nachkomme, hat es die Evolution so eingerichtet, dass diese Verpflichtung auch Spaß bereiten kann.

Laut dem US-Psychologen Abraham Harold Maslow (1908 – 1970) muss ein jeder seine Bedürfnisse und damit auch seine Bedürfnisse nach Sexualität – im wahrsten Sinne des Wortes – befriedigen.

Hetero–, Homo– oder gar Bisexuell

Gibt es nur das eine (Heterosexualität) oder das andere (Homosexualität), oder gibt es noch eine ,Sache‘ dazwischen? Die Bisexualität. Die Ausrichtung der sexuellen Bedürfnisse auf beide Geschlechter.

Die Vorsilben ,hetero‘ und ,homo‘ kommen aus dem Griechischen und bedeuten ,anders‘ beziehungsweise ,gleich‘.

Gut, dann ist es geregelt: drei Möglichkeiten. Schwarz, Weiß und Grau. Oder vielleicht doch noch mehr?

Das menschliche Sexualverhalten

Schon 1953 stellte der US-amerikanische Sexualforscher Dr. Alfred Charles Kinsey (1894 – 1956) folgende Kategorisierung über das menschliche Sexualverhalten auf.

- Kategorie 0: Ausschließlich heterosexuelles Verhalten.
- Kategorie 1: Überwiegend heterosexuelles, gelegentlich homosexuelles Verhalten.
- Kategorie 2: Überwiegend heterosexuelles, jedoch häufiger als gelegentlich homosexuelles Verhalten.
- Kategorie 3: Heterosexuelles und homosexuelles Verhalten zu gleichen Teilen.
- Kategorie 4: Überwiegend homosexuelles, jedoch häufiger als gelegentlich heterosexuelles Verhalten.
- Kategorie 5: Überwiegend homosexuelles, gelegentlich heterosexuelles Verhalten.
- Kategorie 6: Ausschließlich homosexuelles Verhalten.

Also schon sieben Unterscheidungen. Schon etwas differenzierter.

Und dann kommt noch der Spaß dazu. Denn dieser weckt bei vielen Menschen die Neugierde, seine Sexualität auszuleben beziehungsweise auszuprobieren. Zumindest sehen es manche als Spaß an. Manche bezeichnen es auch als Krankheit (Vorsicht: Diskriminierung!), andere als Vorgebung.

Einige genießen ihre Andersartigkeit, andere tun sich sehr schwer, mit ihrem ‚Schicksal' umzugehen. Und wenn sie dann noch auf Abweisung, auf Anfeindungen und Unverständlichkeit reagieren müssen ...

Wer weiß, wie viele Menschen deswegen schon in den Selbstmord getrieben wurden ... Und weswegen? Wegen des Heterosexismus?

Heterosexismus

Heterosexismus bezeichnet ein Denk- und Verhaltenssystem, das Heterosexualität allen anderen Formen sexueller Orientierung als deutlich überlegen ansieht. Er ordnet andere Orientierungen als von der sozialen Norm abweichend ein.

Er richtet sich gegen

- Homosexuelle (sexuelle Orientierung zum gleichen Geschlecht). Die Landesstelle für Gleichbehandlung – gegen Diskriminierung (Antidiskriminierungsstelle) schätzt, dass allein in Berlin etwa 250.000 bis 300.000 homosexuelle Männer beziehungsweise Frauen leben. In Deutschland sollen deutlich über eine Million Männer homosexuell sein. Ein nicht zu vernachlässigender Personenkreis.
- Bisexuelle (Menschen, die sich zu Personen beiderlei Geschlechts sexuell hingezogen fühlen),
- Transgene (Menschen, die sich mit der durch ihre Geburt zugewiesene Geschlechterrolle, in der Regel anhand der äußeren Körpermerkmale, nur unzureichend oder gar nicht beschrieben fühlen),
- Intersexuelle (Menschen mit nicht eindeutig weiblichen oder männlichen Geschlechtsmerkmalen) und
- Androgyne Menschen (weibliche und männliche Merkmale vereinigend.

Durch die Möglichkeit, sich und seine sexuelle Orientierung via Internet zu offenbaren, zeigt sich eine unglaubliche Breite weiterer sexueller Vorlieben.

Die Natur und die Sexualität lässt es, wie oben beschrieben, zu, dass Männer Frauen begehren und umgekehrt. Dann aber auch, dass Frauen Frauen mögen und Männer Männer. Und wäre das nicht schon alles? Nein, es kommt vor, dass jemand Frauen und Männer sexuell ansprechend findet.

Werfen Sie einen Blick ins Internet. Es findet sich eine unglaubliche Bandbreite an offerierten, gesuchten und damit gewollten sexuellen Aktions-Möglichkeiten. So sucht die Domina oder der Meister einen Sklaven oder eine Sklavin; die Devoten wiederum suchen einen Herrn oder eine Herrin (beachten Sie hierbei die sprachlich interessante Form von Herrin).

Die Jungen suchen Ältere und umgekehrt, Behinderte, Anhänger von Fetischen, sich als Krankenschwester ausgebende, und so weiter, suchen ihr Gegenstück.

Erscheint dem Leser einiges als abstoßend, verlockend, neugierig machend? Wie immer das individuelle Gefühl ist: solange niemand gegen Gesetze verstößt (Sex mit Kindern, Toten, Tieren) mag alles vorkommen und ist demnach auch nicht unbedingt verwerflich. Auch wenn es nicht in das eigene Denkschema passt!

Das dritte Geschlecht

Seit dem 1. Januar 2019 ist in Deutschland das ‚dritte Geschlecht‘ öffentlich definiert und anerkannt. Personen, die sich weder als Frau noch als Mann zuordnen können, gelten bei der geschlechtlichen Zuordnung als ‚divers‘.

In Formularen, in denen nur ein ‚M‘ oder ein ‚F‘ für das Geschlecht eingetragen wurde, wählen diese Personen ein ‚X‘. Das gilt auch für das Personenstandsregister.

Musste in bisherigen Stellenausschreibungen immer auf die männliche und weibliche Form eingegangen werden – zum Beispiel: „gesucht wird Assistenz (m/w)“ – muss es nun heißen: „gesucht wird Assistenz (m/w/d)“.

Wie erfolgt denn nun die Anrede unter Berücksichtigung des dritten Geschlechts? Frau Mertens, Herr Mertens oder Mertens? Die ersten Empfehlungen lauten – sofern der Vorname bekannt ist – „Guten Tag Anne Mertens“. Bei dieser Art der Anrede wird die Geschlechterbezeichnung umgangen. Ob sie sich durchsetzt, werden die nächsten Jahre zeigen.

Sexismus

Sexismus bezeichnet die Diskriminierung von Menschen aufgrund ihrer Geschlechtszugehörigkeit. Jeder kann dazu beitragen, nicht als sexistisch eingestuft zu werden.

Diversity

Der Begriff Diversity beschreibt das Bewusstsein für die sexuellen Unterschiede und die daraus resultierenden Einflüsse auf das zwischenmenschliche Miteinander im täglichen Umgang. Privat wie beruflich.

Claudia: *„Wir dürfen froh sein, dass es in unserer Kultur eine großartige Freiheit gibt, seine sexuelle Ausprägung leben zu können.*

Das war nicht immer so. Stellt euch vor: Erst im Jahr 1994 wurde der Paragraf 175 abgeschafft, der gleichgeschlechtliche Handlungen (zwischen Männern) unter heftige Strafe stellte.

Akzeptiert, wenn eure Kommilitonen eine andere Sexualität zeigen und erleben. Lasst euch nicht zu negativen Äußerungen hinreißen oder zu einem ‚schalen‘ Witz über empfundene Andersartigkeit.

In unserer Kultur ist diese schon überwunden. Seit stolz auf die Vielfältigkeit!"

Freundschaft – Liebschaft – Partnerschaft

Dass sich Freundschaften an der Uni ergeben, ist mehr als erfreulich.

Wie an anderer Stelle beschrieben, können diese Freundschaften über Jahre andauern.

In einigen Fällen ergibt sich aus der Freundschaft mehr – nämlich eine liebevolle Zuneigung bis hin zum sexuellen Austausch. In der Regel ist auch hiergegen nichts einzuwenden. Es ist bekannt, dass in vielen Unternehmen (und damit auch an einer Universität) immer wieder Liebesbeziehungen entstehen. Schließlich arbeiten die Betreffenden unter Umständen jahrelang zusammen und lernen die Schwächen und Stärken des anderen kennen.

Viele, die am selben Arbeitsplatz oder Studienort eine Beziehung eingehen, vereinbaren: „Dienst ist Dienst und Sex ist Sex." Das heißt, dass die universitären Belange den Privatbereich möglichst nicht (negativ) beeinflussen sollen.

Wird aus der Liebesbeziehung eine Partnerschaft, dürfen die beiden beglückwünscht werden.

Ihnen sollen beide Daumen gedrückt werden, damit ihre Partnerschaft unter einem glücklichen Stern steht und viele, viele Jahre anhalten wird.

Emanzipation

Gleichberechtigung von Frau und Mann

Wo die Praxis des Lebens fehlt, ist das Studium immer nur eine halbtätige Arbeit.
Graf Karl August Georg Maximilian von Platen-Hallermünde, dt. Schriftsteller
(1796 - 1835)

Gender Mainstream/Mainstreaming

Der Begriff Gender Mainstreaming (,Integration der Gleichstellungsperspektive',
,durchgängige Gleichstellungsorientierung') bezeichnet das Ziel, die Gleichstellung der Geschlechter auf allen gesellschaftlichen Ebenen durchzusetzen, das
heißt ein auf Gleichstellung ausgerichtetes Denken und Handeln bei der täglichen Arbeit zu erreichen.

Der Begriff wurde erstmals 1995 auf der 4. UN-Weltfrauenkonferenz in Peking
geprägt.

Bekannt wurde Gender Mainstreaming insbesondere dadurch, dass der Amster-
damer Vertrag 1997 das Konzept zum offiziellen Ziel der EU-Politik machte.[7]

Gender steht für ,erlebte Geschlechterrolle'.

Emanzipation

Tatsächlich bedeutet das Wort ursprünglich die Gleichberechtigung aller, also
für Mann und Frau, sowie neuerdings auch für ,divers', das dritte Geschlecht.

Emanzipation bedeutet Gleichberechtigung und Gleichstellung von Minderheiten
und Benachteiligten. Dazu gehörten/gehören Farbige, Arbeiter, Landwirte,
Frauen, Homosexuelle.

In der heutigen Zeit wird das Wort Emanzipation vorwiegend als Frauenemanzipation benutzt. Die erste Frauenemanzipation geschah bereits im 12. und 13.
Jahrhundert innerhalb des kirchlichen Bereichs (Beginen-Bewegung).

Dann, nach der Französischen Revolution (1789) bis zum Beginn des zweiten

---

[7] Quelle: www.wikipedia.de, 2007

Weltkriegs, kämpften die Suffragetten unter anderem für das Frauenwahlrecht, das Recht auf Erwerbsarbeit als auch für das Recht auf Bildung.

Und schließlich gipfelte die dritte Frauenbewegung, beginnend nach Ende des zweiten Weltkrieges, in den sogenannten 68ern, die für spezifische Belange von Frauen kämpften.

Blaustrümpfe

Und wer erhält den Namen ‚Blaustrumpf'? Im 19. Jahrhundert war die Bezeichnung Blaustrumpf eine abwertende Bezeichnung für Frauen, die selbstbewusst auftraten. Sie kämpften für das Frauenwahlrecht und den Zugang zu Hochschulen.

Frauen wurde tatsächlich die Intelligenz abgesprochen, den hochakademischen Themen folgen zu können. Darüber kann die Frau von heute nur lachen. Für die damaligen Frauen handelte es sich allerdings um einen bösen Kampf gegen die Vorurteile der Gesellschaft, die Intelligenz und Fähigkeiten der Frau betreffend.

Bei den mutigen Frauen, die auf die Straße demonstrieren gingen, handelte es sich um gebildete Frauen aus dem Bürgertum. Sie widersprachen dem zeitgenössischen Frauenbild und wurden deswegen beargwöhnt.

Auch heute noch werden manche Karriere bewusste Frauen schief angesehen – und werden manchmal als ‚Emanze' verschrien. Eine alleinerziehende Frau findet mühsamer eine Wohnung als ein Single mit Hund!

Viele Geschäftsfrauen treten selbstbewusst und überzeugend auf. Es zeigt sich, dass manche Gesprächsrunde einen höflicheren Ton annimmt, sobald eine Frau anwesend ist.

Das Jahr der Einführung des Wahlrechts für Männer und Frauen

Wussten Sie, dass in Frankreich Frauen erst ca. 100 Jahre später als Männer wählen durften? So sieht es aus.

- Frankreich: Männer 1848, Frauen 1946
- Deutschland: Männer 1869/71, Frauen 1919
- Liechtenstein: Männer 1921, Frauen 1984

Der kleine Unterschied

Und wenn es nicht durch die Gewohnheit den Weibern verboten wäre zu studieren,
so würden wir zu unserer Zeit derer noch mehr gelehrte Frauen zu sehen bekommen
als unter den gelehrtesten Männern.
Agrippa von Nettesheim (Heinrich Cornelius), dt. Philosoph
(1486 - 1535)

Rollenverhalten und Erwartungshaltung

Tatsächlich scheint der ‚kleine Unterschied' gar nicht so klein zu sein. Körperlich gesehen vielleicht, aufs tagtägliche Leben bezogen, ist der Unterschied offensichtlich sogar sehr groß.

„Wenn Gott eine Frau wär' ... dann hättest du Pech", schließt die norwegische Sängerin Wencke Myhre (*1947) ihren Song. Ist es tatsächlich so, dass Frauen spülen, bügeln und staubsaugen, während Männer Sport schauen, Bier trinken und Chips reinfuttern? Oder ist es nur unsere ‚Erwartungshaltung', die uns dieses Bild gibt?

Vereinzelt mag das bei jüngeren Leuten noch so sein. Die hiesige Gesellschaft, Politik, Wirtschaft und Wissenschaft drängen darauf, im Beruflichen die Gleichberechtigung einzufordern.

Je nach gewähltem Studiengang zeigen sich ähnlich viele Frauen und Männer unter den Studierenden. Einige Spezialfelder ziehen Frauen oder Männer an, was mit der späteren Berufswahl zu haben könnte.

Die Mischung der Geschlechter zeigt deutliche Vorteile bei Zusammenarbeit, zum Beispiel in Gruppen- oder in Teamarbeiten.

Die mentalen Stärken der jeweils geschlechtlichen Ausrichtung tragen zu einem guten Ergebnis bei.

Ein kleines Trostpflaster für die männlichen Studierenden: Weibliche Studenten zeigen oft eine bessere Prüfungsleistung und gelten häufig zuverlässiger bei der Einhaltung getroffener Absprachen.

Claudia: *„Habt ihr das gehört, liebe Jungs? Also dann, nichts wie ran. Zeigt, was ihr ‚auf dem Kasten habt'.*

Die Zeiten, in denen nur Männer studieren durften, sind lange vorbei. Lasst euch nicht die Butter vom Brot nehmen! Intelligenz habt ihr auch. Liegt der Unterschied (Mann/Frau) bei den erzielten Punkten in Klausuren vielleicht an einer gewissen Faulheit?

Na, ich will das mal unkommentiert stehen lassen – ich mag euch trotzdem."

„Ich sehe rot!"

„Rosa für das Mädchen, hellblau für den Jungen."

Schon vor der Geburt, nach Bekanntwerden des Geschlechts des zukünftigen Erdenbürgers, wird rollenkonform gedacht und gehandelt. Das mag sehr besorgt, behütet und/oder vorsorgend gemeint sein. Aber: Die Konsequenz wird sein, dass das Neugeborene geschlechtsspezifisch aufgezogen wird.

Vielleicht werden auch schon große Pläne geschmiedet. „<u>Meine</u> Tochter wird einmal in einer prunkvollen Hochzeitskutsche vorfahren", denkt die stolze Mutter.

„<u>Mein</u> Sohn wird ein klasse, draufgängerischer Fußballer", freut sich der ebenso stolze Vater.

Alles gut gemeint; genau betrachtet wird das Kind nicht etwa frei erzogen, sondern im Gegenteil so erzogen, wie die Eltern, die Verwandtschaft, die Gesellschaft es für richtig empfinden.

Wenn Sie in den ersten Lebensmonaten nur ,rosa' sehen, sehen Sie möglicherweise den Rest des Lebens ,rot', oder?

Sind Frauen schlauer?

„Frauen können nicht einparken, und Männer ..."

„Mädchen haben keinen Bezug zur Mathematik ..."

Immer wieder werden scheinbare Unterschiede aufgezeigt. Der Buchmarkt profitiert davon. Was Frauen oder Männer angeblich können, wobei sie ,intelligenter' sind, worin sie sich hervortun.

Zum Beweis werden dann wenige Beispiele gezeigt, in denen das Vorurteil bestätigt wird.

Es ist ja sehr gut möglich, dass es diese Unterschiede gibt. Liegt es vielleicht nur daran, dass Erwachsene ihre Säuglinge bereits (teilweise ungewollt) prägen?

Damit hat das heranwachsende Leben gar keine andere Chance, als sich seiner Rolle entsprechend zu entwickeln. Es bauen sich Verhaltensmuster auf, die als ‚typisch Frau' oder ‚typisch Mann' bezeichnet werden.

Frauen und bessere Hochschulabschlüsse

„Ein Mann ein Wort, eine Frau ein Wörterbuch." Oder lernen Frauen mehr? „Es gibt keinen Grund [...], warum Frauen es nicht nach ganz oben schaffen sollten, bis auf die Kommandobrücke. Sogar auf dem Meer. Alles ist möglich?"[8]

Und etwas weiter: „Die jungen Frauen [...] sind auf der Überholspur. Sind flexibler, fleißiger, erfolgreicher als die Jungen. Und sie sind durchsetzungswilliger und leistungsstärker als ihre Mütter und Großmütter."

Und noch etwas weiter, als wäre das noch nicht genug: „Fassungslos sehen viele Jungen und junge Männer [...] wie die Mädchen, eloquent und zielbewusst, an ihnen vorbeiziehen. Sind Frauen schlauer? Jedenfalls machen sie heute die besseren Hochschulabschlüsse. [...] Doch auf dem Arbeitsmarkt zahle sich dies nicht aus. In fast allen Berufen verdienten die jungen Männer schon beim ersten Job mehr als die Frauen."[9]

Und mit ähnlicher Aussage: „Die bessere Hälfte. Erst haben die Mädchen die Jungs in der Schule abgehängt, jetzt sind die jungen Frauen an der Uni auf dem Vormarsch: Schneller und schlauer als die Männer meistern sie das Studium. Auf dem Arbeitsmarkt zahlt sich der Bildungsvorsprung aber noch nicht aus."[10]

---

[8] Quelle: Der Spiegel 24/2007
[9] Quelle: Neue Presse vom 24.04.2007
[10] Quelle: Uni Spiegel, das Studenten-Magazin, Heft 2, April 2007

„Er ist der Hausherr"

Das Studium des Rechts ist schmutzig und gewinnsüchtig, denn dein letzter Zweck ist Geld;
man studiert die Rechte nicht zur Ergötzung und um der Kenntnis der Dinge willen.

Martin Luther, dt. Theologe
(1483 - 1546)

„Sie haben kein Recht ..."

„Machen Sie die Kinder schick", mahnte etwa ein Leitfaden von 1955. „Vermeiden Sie jeden Lärm. Ermahnen Sie die Kinder, leise zu sein. Wenn er (der Herr des Hauses) nach Hause kommt, lassen Sie ihn zuerst erzählen – und vergessen Sie nicht, dass seine Gesprächsthemen wichtiger sind als Ihre. Schieben Sie ihm sein Kissen zurecht und bieten Sie ihm an, seine Schuhe auszuziehen. Sprechen Sie mit leiser, sanfter und freundlicher Stimme. Denken Sie daran: Er ist der Hausherr. Sie haben kein Recht, ihn in Frage zu stellen."

Das empfahlen laut Der Spiegel 3/2006 einschlägige Handbücher ihren Leserinnen – allerdings 1955!

Das Desaster Mann

Aber die Rache ließ nur einige Jahre auf sich warten: „Weiberabend auf dem Sofa" (Gruppe Schwesterherz) hören wir aus dem Radio-Lautsprecher. „Sind wir schon so weit gekommen?", könnte sich der ein oder andere (Mann) fragen. „Emanzipation ist ja gut", mag er sich denken. „Hat der Mann denn gar keine Rechte mehr?" Doch, hat er sicherlich.

Dabei sehen viele Menschen im Wort ‚Emanzipation' die Gleichberechtigung der Frau.

Ladies first

Oder First Lady?

Es kann dem Manne als Macho-Gehabe ausgelegt werden, wenn er sagt „Ladies first". Möglicherweise sieht die Business-Frau sich auf ihr Geschlecht reduziert – und damit als nicht gleichberechtigt behandelt.

Es mag sicherlich nett gemeint sein, wenn eine(r) dem/der anderen die Tür aufhält, damit die/der Angesprochene vorgehen kann.

Denn: Den Rücken zeigen gilt als unhöflich, also darf der/die Ranghöhere vorgehen. In Ordnung.

Begleitet ein Mann seine höfliche Handlung durch „Ladies first", bringt er damit zum Ausdruck, er lässt die Frau deshalb vorgehen, weil sie <u>Frau</u> ist.

Manche empfinden, der Mann bringt damit <u>übergenau</u> zum Ausdruck, dass er die Frau nur aufgrund ihres <u>Geschlechts</u> vorgehen lässt.

Viele tatsächlich emanzipierte Frauen wollen aber nicht aufgrund ihres <u>Geschlechts</u> eine besondere Behandlung erfahren; sie möchten aufgrund ihrer Tätigkeit, Position oder Funktion eingestuft werden. Wenn nicht, fühlen sie sich diskriminiert.

Damit der freundliche Mann nicht in die Geschlechterfalle tappt, sollte er besser sagen: „Bitte nach Ihnen." Oder „Bitte gehen Sie vor." Damit hat er eine mögliche Geschlechterdiskriminierung vermieden.

Frauenfeindliches Verhalten

Auch das gibt es noch: Seit dem Jahre 1980 wird im Rahmen eines Medienfrauentreffens (dazu gehören Mitarbeiterinnen von ARD, ZDF und ORF) die ‚Saure Gurke', ein Wanderpreis, für einen frauenfeindlichen, von einer öffentlich-rechtlichen Anstalt zu verantwortenden Fernsehbeitrag, vergeben.

So im Jahre 2012 wegen eines Tagesschau-Berichts vom 16. Mai 2012 über die französische Regierung. In diesem Bericht wurde nicht erwähnt, dass Frauen zum ersten Mal die Hälfte des Kabinetts in Paris ausmachten.

So fehlte – nach Meinung der Preisverleiher – ein wichtiger Hinweis für die Zuschauer und Zuschauerinnen. Und schon war der Negativpreis fällig.

Claudia: *„So, liebe angehende Studentinnen und Studenten. Nun haben wir genügend Beispiele gesehen, die mit der Rolle der Frau und der Rolle des Manns zu tun haben.*

Lasst uns dieses Thema abschließen mit dem Appell, jede und jeden gleich zu sehen und zu behandeln.

Es mag etwas geistige Kraft kosten, alles Mögliche geschlechtsneutral umzusetzen. Mit etwas gutem Willen ist das möglich.

Viele junge Menschen wuchsen bisher in einem sozialen Umfeld auf, welches sie bereits in oben empfohlener Vorgehensweise prägte.

So wünsche ich eine bunte und gemischte Studienzeit."

Vision oder Utopie

Umgang ohne Diskriminierung? Ist das überhaupt möglich?

Realität ist es noch lange nicht, wie bisher beschrieben. Also eine Utopie? Utopie (von: Buch Utopia, Autor Thomas Morus. 1478 – 1535) bedeutet, dass gesellschaftlicher Umgang ohne Diskriminierung überhaupt nicht und nie möglich sei.

Dächten wir so, machten wir es uns sehr einfach. Folge: Keiner müsste sich Mühe geben, Diskriminierung zu vermeiden.

Dann lieber Vision? Immerhin ist eine Vision realisierbar. Vielleicht nicht heute, vielleicht auch noch nicht morgen, aber doch irgendwann. Dr. Martin Luther King (1929 – 1969) sprach von einem Traum, den er hatte. King wird heute immer wieder als Visionär bezeichnet, nicht nur, weil er selbst daran arbeitete, seinen Traum, seine Vision zu realisieren.

Jeder von uns kann dazu beitragen, dass die Vision der Anti-Diskriminierung Realität wird. Sobald ein jeder gedanklich und praktisch umsetzend etwas in diese Richtung bewegt, sind wir dem Ziel einen Schritt näher.

Teil 4 – Interkultureller Austausch

Kulturelle Herkunft und Konformität

Die Herkunft

Fremd ist anders

Beruflich betrachtet bleibt es kaum mehr aus, global zu denken und demnach auch global zu handeln. Gerade an modernen Universitäten treffen Studierende auf Menschen anderer Kulturen, ohne die eigenen Landesgrenzen verlassen zu müssen.

An vielen privaten Hochschulen ist immer mehr und deutlicher zu erkennen, dass der internationale Einfluss nicht mehr wegzudenken ist. Das bringt ganz andere Konsequenzen, als auf Anhieb festzustellen ist. Nicht nur, dass Unterlagen, Aushänge, Zeugnisse, Mailtexte und so weiter häufig in anderer Sprache, hier zum Beispiel in Englisch, verfasst werden müssen.

Auch das Speiseangebot in der Cafeteria, der Mensa oder im Restaurant ist idealerweise sowieso schon diversen Zielgruppen wie Diabetikern, Vegetariern, Laktose Intoleranten und so weiter angepasst.

Das kulinarische Angebot muss offensichtlich immer vielfältiger werden. Vor wenigen Jahren wusste kaum einer, was ein Veganer ist (isst). Heute ist er gesellschaftlich genauso geachtet wie jeder andere auch.

Aber entspricht das Angebot der Küche den Menschen anderer Kulturen? Viele Asiaten bevorzugen eine andere Art des Essens und eine andere Art zu essen.

Im Hinduismus wird kein Rindfleisch gegessen, Muslime essen kein Schweinefleisch. Die einen mögen mehr Reis, die anderen mehr Kartoffeln.

Gibt es Ruheräume und/oder einen Gebetsraum? Viele Menschen beten mehrmals täglich. Haben sie einen entsprechenden Rückzugsraum?

Universitäten, die Wert auf das Wohlbefinden ihrer Studierenden legen, schaffen genügend Rückzugsraum, Ecken, Sitzbereiche, auch im Freien, damit möglichst jedem die Möglichkeit gegeben wird, dort zu lernen oder sich auszutauschen, wo er es am besten kann.

Aber zurück zu Menschen anderer Kultur, mit anderen Verhaltensmustern und anderen Erwartungshaltungen. Haben Sie bedacht, dass körperliche Gesten anders gedeutet werden können?

Dass es in einigen Kulturen als beleidigend gilt, die Schuhsohle auf das Gegenüber zu richten (zum Beispiel ein übergelegtes Bein oder hochgelegte Beine auf einer Sitzfläche).

Bleiben Sie sensibel und feinfühlig. Nutzen Sie Ihr Einfühlungsvermögen, um andere Personen besser zu verstehen.

Bewundern Sie in ihnen das Fremdartige und nutzen Sie gleichzeitig die tolle Möglichkeit, in Kontakt mit diesen Menschen zu kommen. Nehmen Sie die Chance und profitieren von den für uns fremdartigen Verhaltensmustern.

Es ist doch oft unglaublich zu erfahren, wie viel Gleiches und wie viel Anderes sich dadurch erleben lässt. Vielleicht entwickeln sich langjährige Ländergrenzen überspannende Freundschaften oder sogar berufliche Kontakte aus dem Aufbau dieses Netzwerkes.

Internationale Studenten

Studenten kommen dank Politik, BAföG und eigenen beruflichen Nebentätigkeiten mittlerweile aus allen Schichten der Gesellschaft.

Nicht nur das – mit der Globalisierung, dem Erasmus-Programm[11] und den Möglichkeiten des relativ leichten und kostengünstigen Reisens in andere Länder, füllen sich Hörsäle mit ausländischen Studierenden.

---

[11] Das Erasmus-Programm ist ein Programm der Europäischen Union Bildung, Jugend und Sport. www.erasmusplus.de

Bachelor- und Master-Programme, die in englischer Sprache durchgeführt werden, ziehen junge Menschen aus allen Teilen der Welt zum Studium nach Deutschland. Die Internationalen Studenten bringen ihre eigenen Verhaltensmuster und Umgangsformen mit.

Die Studenten müssen sich nicht nur auf das hiesige Universitäts-System einlassen, sondern auch die Art des Zusammenlebens mit Studenten, die in dieser Kultur geboren wurden.

Unterschiedliche Essgewohnheiten, verschiedene Ansichten zur Pünktlichkeit, abweichende Einhaltung von Zusagen und vieles andere mehr bieten aufkommender Missstimmung einen idealen Nährboden.

Schnell werden Internationale Studenten als unzuverlässig, unpünktlich, unwillig sich einzugliedern und so weiter bezeichnet.

Stellen Sie sich vor, Sie würden in China studieren wollen. Vor welche immensen Herausforderungen wären Sie gestellt? All das Organisatorische an einer fremden Universität zu regeln, berührt manchmal schon die Grenzen des gefühlt Machbaren.

Die andere Sprache, die fremdartigen kulturellen Gewohnheiten – wie viel Neues stürzte auf Sie ein?

Geben Sie Hilfestellung

Bestimmt wären Sie froh, fänden Sie eine hilfsbereite Person, die Sie einfühlsam in die Gepflogenheiten an Ihrem neuen Standort einführte.

Zeigen Sie den Neuankömmlingen der anderen Länder, wie sie sich schneller und problemlos einleben können. Unternehmen Sie die ersten Schritte!

Sie genießen den Heimvorteil. Helfen Sie den anderen!

Claudia: *„Wir haben an unserer Uni ein gut funktionierendes Buddy-System etabliert. Unter einem Buddy ist ein ‚Kumpel' zu verstehen, der einem anderen ‚unter die Arme greift'.*

Jedem neu beginnenden Studenten wird eine Mail zugeleitet, in der sein Buddy und dessen Name, die Studienrichtung und ein paar Informationen zur Person genannt werden.

So kann der Neuling bereits vor Eintreffen in Deutschland beziehungsweise hier am Standort mit seinem Buddy in Kontakt treten, um die ersten Fragen klären zu können.

Ich konnte beobachten, wie erfreut ein Student war, der nach stundenlanger Anreise bei seiner Ankunft herzlich von seinem Buddy empfangen wurde. Er strahlte übers ganze Gesicht – alle möglichen Ängste und Sorgen waren verschwunden. Das war ein berührender Anblick für mich, diese Erleichterung beim Neuen zu spüren.

Ich bin sicher, dass die beiden auch in Zukunft einen Teil ihrer Freizeit gemeinsam verbringen werden."

Im Auslandssemester – Im Ausland sind wir alle Ausländer

Denken Sie an diese Zeilen, wenn Sie mit den internationalen Studierenden zu tun haben oder wenn Sie ins Auslands-Semester gehen.

Claudia: *„Ihr setzt euch in einen Jet, lehnt euch entspannt zurück und nach einigen Stunden steigt ihr auf einem anderen Kontinent aus. Mit euch steigen eure Verhaltensmuster aus. Diese sind aber in anderen Kulturen oft deutlich anders.*

Die Körpersprache kann dezenter oder ausgeprägter sein, womit die Deutung unserer Sprache des Körpers nicht immer eindeutig gelingt. Sie wirkt manchmal zu aufdringlich, manchmal wiederum zu gehemmt.

Der Blickkontakt kann zu intensiv, ja schon bedrohlich wirken, obwohl es vorteilhaft ist, dass Blickkontakt grundsätzlich zum Gesprächspartner zu suchen ist. Und so geht das mit vielen Punkten weiter.

Leider bedenkt das nicht jeder Studierende, der ein Auslandssemester absolvieren will. Er wird gegen bestimmte Regeln und Umgangsformen verstoßen, ohne dass es ihm bewusst wird.

Manchmal fällt dem Studenten auf, dass sich der Einheimische abwendet. Hat er sich vielleicht unvorteilhaft verhalten? Oder hat er den Einheimischen gar belästigt?

Wenn Internationale Studenten zu uns in unseren Kulturkreis kommen, erwarten wir, dass sie unsere Sitten und Bräuche akzeptieren, dass sie sich unserem Werteempfinden entsprechend verhalten.

Oft wollen wir von Fremden, dass sie sich unauffällig, möglichst konform, in die hiesigen Regeln integrieren.

Verhaltet ihr euch Fremden gegenüber sensibel genug? Achtet ihr auf deren Sitten und Bräuche? Ist euer Umgang ihnen gegenüber immer fair?"

Ethnie

Was der Bauer nicht kennt, das (fr)isst er nicht; so wird gesagt. Oder auch anders ausgedrückt: Wen der Mensch nicht kennt, den meidet er.

Wie soll es bei diesem Verhaltensmuster gelingen, andere Menschen kennenzulernen oder deren Gedanken, Gefühle und Empfindungen richtig zu deuten?

Solange sich der Einzelne nicht um den anderen kümmert, solange er nicht hinterfragt, wird ein Verstehen fast ausgeschlossen sein.

Nachgewiesen wurde, dass sich die eigenen Vorurteile und das eigene Stereotypen-Denken dann minimieren lassen, wenn Kontakt mit anderen – hier Ausländern – aufgenommen wird.

Je mehr Kontakterfahrungen ein Mensch mit Fremden hat, desto geringer ist das Ausmaß an Vorurteilen.

Die Konsequenz lautet: Bewusst soziale Kontakte zu ausländischen Studierenden herstellen. Dazu eignen sich viele Wege, wie zum Beispiel:

- Bieten Sie Hilfestellung an. Zum Beispiel beim Lesen des Stundenplans, des Vorlesungsverzeichnisses, der Prüfungsordnung.

- Erzählen Sie dem Gaststudenten von den Sehenswürdigkeiten der Stadt, von den Besonderheiten der Bewohner. Weisen Sie auf spezielle Festivitäten und Bräuche (wie beim Münchner Oktoberfest) hin.

- Beim nächsten Sommerfest genießen Sie gezielt fremdländische kulinarische Kreationen. Über das Thema Essen und Trinken lässt sich locker auf ein weiterführendes Gespräch lenken.

- Laden Sie einen ausländischen Kommilitonen in die Gastronomie ein oder zu sich nach Hause. Oder vielleicht auch nur zu einem gemeinsamen Besuch Ihres Sportzentrums.

Wer viele Freunde hat, hat vielleicht auch den einen oder anderen Ausländer in seinem Bekanntenkreis. Allerdings kann es dann auch einmal geschehen, dass eine ungewollte Beleidigung oder peinliche Situation entsteht.

Fröhlich und unbedacht umarmen Sie den Asiaten, klopfen ihm auf die Schulter und geben ihm einen nett gemeinten Puffer in die Seite. Hier sind Sie in mehrere Fettnäpfchen mit voller Wucht getreten. Demnach: Vorher überlegen, wer welche körperliche Nähe akzeptiert.

Menschliche Distanz-Zonen in unserer Kultur

Je nachdem, wie ‚nahe‘ Sie jemandem stehen, verändert sich die ‚räumliche Nähe‘ beim Gegenüberstehenden zueinander.

Diese Distanzzonen sind in verschiedenen Kulturen unterschiedlich.

Auch spielt die Hierarchie eine Rolle: Einem Professor gegenüber nehmen Sie gegebenenfalls eine andere Distanz ein als einem Studienkollegen.

Je nachdem, wie gut Sie jemanden kennen beziehungsweise was Sie mit diesem Menschen beabsichtigen zu tun, werden Sie eine unterschiedliche Distanz einnehmen.

Vielleicht kennen Sie ja auch Menschen, die Ihnen manchmal ‚zu nahe‘ kommen. Finden Sie das angenehm? Als Distanz wird der Abstand zweier Personen zueinander bezeichnet.

In unserer Kultur lassen sich vier verschiedene Distanzzonen erkennen:

- Intime Distanz, 0 - 50 cm, vertraute, körperliche Nähe, Familienangehörige, Freunde. Sonst bei Fremden nicht akzeptiert. Ausnahmen: Friseur, Masseur, Arzt, beim Tanzen und so weiter.

- Persönliche Distanz, 50 - 100 cm, Smalltalk, erfolgreiche Gesprächsführung. In dieser Distanz stehen zwei sich Unterhaltende gegenüber.

- Gesellschaftliche oder soziale Distanz (auch Abwartezone genannt), 100 - 200/300 cm. Jemand betritt einen Raum und schaut sich erst einmal um.

- Öffentliche Distanz, mehr als 200/300 cm, Professor im Hörsaal vor den Studierenden.

Bewusst wurden die Distanzzonen im deutschsprachigen Umfeld gewählt. In anderen Kulturen kann das Distanzverhalten komplett anders sein. So wird in Japan und anderen asiatischen Ländern die Persönliche Distanz viel größer ausfallen, in Südamerika gegebenenfalls viel enger.

Das kann in der Praxis zu verwirrenden Momenten kommen. Trifft der Japaner auf den Deutschen, wird der Asiate automatisch versuchen, seine – gewohnte – weitere Distanz einzuhalten. Dem Deutschen hingegen, mit seiner geringeren Distanz (dem Japaner gegenüber), erscheint der Abstand zueinander zu weit.

So wird er versuchen, die räumliche Distanz zu verkürzen, indem er einen Schritt auf den Japaner zugeht. Der wiederum mag erschrecken, fürchtet er möglicherweise ein ‚Eindringen‘ in seine Intime Distanz. Folglich wird er versuchen, die aus seiner Sicht korrekte Distanz wieder herzustellen, indem er einen Schritt zurücktritt.

Empathie in andere Kulturen zeigen

Die Konsequenz daraus lautet: Trifft jemand einen Menschen einer anderen Kultur, sollte er sich im Vorfeld Überlegungen dazu gemacht haben, welche Abstände beim anderen üblich sind.

Auch wenn es unausgesprochen heißt, dass immer die Regeln des Gastlandes gelten, treffen Menschen unterschiedlicher Kulturen auf die unerwarteten Unterschiede, die gefühlsmäßig eine Missstimmung aufbauen könnten. Das soll nicht geschehen.

Claudia: *„Wir hier an unserer Uni haben eine Menge Studierende anderer Länder und damit teilweise total unterschiedlicher Kulturen.*

Deswegen kann es am laufenden Band zu ungewünschten, negativen Gefühlen kommen. Das ist überhaupt nicht gewollt, weshalb ihr großzügig auf in euren Augen Ungewöhnliches reagieren solltet.

Lasst uns als Gegenbeispiel zu dem oben erwähnten Japaner den Studierenden aus Südamerika nehmen.

Dieser zeigt üblicherweise eine engere, eine nähere Distanz als der Deutsche. Er scheint in unserer Intim-Distanz einzudringen, was den einen oder anderen hier in Verlegenheit bringen mag. ‚Ich fühle mich regelrecht bedrängt', könnte einer denken. Aber – siehe die Erklärungen oben – der Südamerikaner meint das überhaupt keineswegs böse oder aufdringlich. Es ist ganz einfach nur seiner Art.

Viel Spaß bei den Erfahrungen mit Menschen aus anderen Ländern."

Von grünen Männchen, gelber Gefahr und Rothäuten

„Ob blond, ob braun, ich liebe alle Fraun ..."

So sang schon der deutsche Opernsänger Rudolf Schock (1915 – 1986) auf den berühmtesten Opernbühnen dieser Welt. Es ist schön zu hören, dass offensichtlich die Haarfarbe keinen negativen Einfluss auf Schocks Begeisterung ausübte.

Dass es die grünen Männchen gibt, scheint sich nach den bisherigen Weltraumfahrten nicht bestätigt zu haben. Und wie sieht es mit den Rothäutigen aus? Sicherlich ist Ihnen schon einmal aufgefallen, dass Indianer gar keine rote, sondern eine braune Hautfarbe haben. Wieso dann der Begriff ‚Rothaut'?

Vielleicht war es so, dass sich die weißen Siedler auf den weiten Wegen durch die scheinbar endlosen Steppen schnell einen Sonnenbrand einfingen und somit in den Augen der Indianer als rothäutige Menschen, eher als Rothäute hätten bezeichnet werden sollen. Der amerikanische Ureinwohner – also der Indianer – bezeichnet den Europäer schließlich als „den weißen Mann".

Im Unterschied hierzu wurde der durch den weißen Mann versklavte Mensch aufgrund der Hautfarbe als „Schwarzer" – nicht etwa als ‚schwarzer Mann' bezeichnet. Zur weiteren Unterscheidung kam später der Braunhäutige dazu (zum Beispiel der Mexikaner).

Schnell entwickelte sich für den ‚schwarzhäutigen' Menschen – und ursprünglichen Sklaven – das Schimpfwort Nigger, das sich wahrscheinlich vom spanischen ‚negro' oder dem französischen ‚nègre' ableitet. (Beide lateinischen Ursprungs ‚niger' für ‚schwarz, dunkel').

Schwarz, gelb, blau

Als die ersten Erfolge der Gleichberechtigung zu ernten waren, war es verpönt, jemanden als ‚Schwarzen' zu bezeichnen. Daraus wurde dann – politisch korrekt – der Farbige (the coloured).

Interessanterweise sollte jetzt auch nicht mehr ein Mohr als solcher bezeichnet werden, weswegen im Jahre 2004 der Sarotti-Mohr von der Firma Stollwerck offiziell als ,Sarotti-Magier aus 1001 Nacht' bezeichnet wurde. Außerdem wurde die Figur etwas anders gestaltet und trägt kein Tablett mehr.

Auch der klassische Mohrenkopf beziehungsweise Negerkuss verschwand in seiner Bezeichnung. Politisch korrekt mutierte er zum: Schokokuss, Schaumkuss oder Schaumgebäck mit Schokoladenüberzug.

Auf der anderen Seite des Globus entstand die ,Gelbe Gefahr'. Gemeint waren die Chinesen, denen gelbliche Haut nachgesagt wird. In der Kolonialzeit benutzten die USA und die europäischen Kolonialmächte den Begriff ,Gelbe Gefahr', um Stimmung gegen asiatische Völker, insbesondere China, zu schüren.

Da klingt in unseren Ohren der Blaublütige schon angenehmer. „… hat blaues Blut in den Adern …" Gemeint ist der Adelige. Da der Adelsstand seinerzeit höllisch darauf achtete, die Haut weiß – was als ,très chic' galt, zu halten, um ja nicht mit dem braungebrannten und hart arbeitenden Bauern verwechselt zu werden, waren die Blutadern durch die helle Haut deutlicher zu sehen.

Das Blut in den Adern schien blau zu schimmern, weswegen der Weg zur Bezeichnung ,der Blaublütige' nicht mehr weit war.

Schwarz oder Weiß?

Nach wie vor reden wir vom Schwarzafrikaner und vom Weißen. Die ,Gelbe Gefahr' gibt es nicht mehr und die ,Rothäute' werden auch nicht mehr als solche bezeichnet. Und dann gibt es noch die Menschen mit ,kakaobrauner' Haut. Aber wie ist das nun?

Darf gesagt werden ,Der Schwarze' oder ist es ,Der Farbige'? Unter ,farbig' wird eher der Braunhäutige gemeint. Am ehesten ist korrekt, von schwarzhäutigen, weißhäutigen, braunhäutigen Menschen zu sprechen.

Hautfarbe egal – im Gegenteil: verschiedene Hautfarbe gewünscht

Im Gegenteil – verschiedene Haut-Farbtöne können einem eintönigen Leben deutlich Farbe verleihen.

Viele Studierende sind häufig deutlich offener in ihrem Verhalten Fremden gegenüber. In der allgemeinen Gesellschaft ist das noch nicht immer so zu beobachten.

In manchen Hochschulprospekten wird sehr gerne mit Menschen anderer Hautfarbe geworben, um die multikulturelle Landschaft am Universität-Standort zu unterstreichen. Hier wird im Ansatz die interkulturelle Arbeit dargestellt und hoffentlich auch gelebt.

An sich sollte es überhaupt keinen Grund mehr geben, sich zum Thema Hautfarbe Gedanken zu machen. Die Realität zeigt bedauerlicherweise fast täglich, dass es immer wieder zu Verunglimpfungen, Beleidigungen oder sogar körperlichen Übergriffen kommt, nur weil jemand eine Hautfarbe hat, die nicht mit der eigenen deckungsgleich ist.

Fremdenfeindlichkeit

„Gleich und gleich gesellt sich gern", behauptet der Volksmund. Deshalb stehen viele Menschen dem Fremdartigen und damit Fremden erst einmal abwartend gegenüber. Andererseits heißt es „Gegensätze ziehen sich an". Von Freunden und Fremden lernen.

Die Römer brachten uns den Wein, die Araber angeblich den Kaffee, die Japaner die Sushis, die US-Amerikaner den Hamburger.

Ohne Austausch von Handelsware, Dienstleistung und Ideen ist eine Weiterentwicklung überhaupt nicht möglich. Das zeigt das interessante Computerspiel SimCity auf spielerische Weise ganz deutlich. Und trotzdem stoßen wir immer wieder auf Fremdenfeindlichkeit.

Also: Globalisierung hin oder her – ohne Fremde geht es nicht.

Manche sind clever genug, die Chancen zu nutzen, die uns Menschen aus anderer Kultur bringen.

Teil 5 – Exmatrikulation

Die Zukunft – Der Weg zum Job

Dem Geld darf man nicht nachlaufen. Man muss ihm entgegengehen.
Aristoteles Onassis, gr. Reeder
(1906 [?] - 1975)

Arbeit und Geld

Mehrere Millionen Abfindung auf der einen Seite – Hartz IV auf der anderen.

Die Jagd nach dem Geld kann einen Menschen in den Wahnsinn treiben. Die Kosten steigen und steigen, die Einkünfte können nicht folgen.

Werden Menschen befragt, was sie am wichtigsten in ihrem Leben finden, beantworten sie häufig: „glücklich sein". Und auf die Frage, was sie unter glücklich sein verstehen, heißt es meist sofort ‚gesund sein', ‚finanziell abgesichert sein' und ‚in einer angenehmen Partnerschaft leben'.

Natürlich können wir in unserer Gesellschaft ohne Geld nicht leben. Aber sein komplettes Leben nur auf die Jagd nach Geld auszurichten, scheint nicht der Sinn des Lebens zu sein. Oder? Dreht sich wirklich alles nur ums Geld? „Zumindest macht es das Leben leichter."

Um legal an Geld zu kommen, müssen die meisten Menschen arbeiten. Hier treffen sie sofort auf eine unglaublich große Zahl an Konkurrenten. Nicht jeder schafft es, seine Arbeitskraft optimal zu verkaufen.

Denn, vor der Möglichkeit, seine Arbeitskraft zu demonstrieren, liegt erst einmal die Hürde der Bewerbung. Hier scheitern bereits viele, obwohl sie im Beruf sicherlich sehr gut sein könnten.

Selbst bei gleicher beruflicher Voraussetzung gibt es noch deutliche Unterschiede auf dem Weg zum (finanziellen) Erfolg.

Wer verdient wie viel?

Das Durchschnitts-Bruttoeinkommen (für Vollzeitbeschäftigte) beläuft sich 2007 laut Statistischem Bundesamt wie folgt: Frauen knapp 2.800,- Euro, Männer ca. 3.700,- Euro.

In seiner Pressemitteilung Nr. 236 vom 22.06.2011 schreibt das Statistische Bundesamt: Ein vollzeitbeschäftigter Arbeitnehmer verdiente in Deutschland im ersten Quartal 2011 ohne Sonderzahlungen durchschnittlich 3.264,- Euro brutto im Monat. Das niedrigste Tarifentgelt im Gastgewerbe lag bei einem Monatslohn von 1.040,- Euro in Brandenburg.[12]

Das Durchschnitts-Bruttoeinkommen (für Vollzeitbeschäftigte) beläuft sich 2015 auf etwa 3.450,- Euro. Bei Frauen etwa 3.000,- Euro, Männer ca. 3.650,- Euro (je nach Quelle weichen die Zahlen leicht voneinander ab).

Für das Jahr 2018 wurden folgende Zahlen ermittelt: Durchschnitt 3.880,-; Männer 4.075,-; Frauen 3.432,-.[13]

Frauen und Karriere

1949, zu Beginn der Wahlperiode, waren 6,8 % aller Abgeordneten weiblichen Geschlechts. Zu Beginn der Wahlperiode 2005 immerhin schon 31,8 %.[14] 2009 beträgt die Zahl fast unverändert etwas mehr als 32 Prozent.

Mit Stand 2017 sind es 37,1 %. Dabei „stehen Frauen längst ihren Mann", zumindest schreibt das der Fachjournalist 1/2008. Allerdings beruft sich der Artikel auf ‚Akzeptanz und Bekanntheit von Frauen im Sportjournalismus'. Gut so – und weiter so!

2013 wurden Frauen ab 14 Jahren nach den wichtigsten Aspekten in ihrem Leben gefragt. Interessanterweise nannten ca. 65 Prozent die Familie/Partnerschaft an erster Stelle. Wo mag die Karriere stehen?

Für knapp 30 Prozent der Befragten war der Erfolg im Beruf wichtig, 47 Prozent wünschten sich einen sicheren Arbeitsplatz. Wichtiger war mit ca. 49 Prozent der Punkt ‚Kinder bekommen'.[15]

---

[12] Quelle: AHGZ 31.12.2011
[13] Quelle: Statista 2019
[14] Quelle: Informationen zur politischen Bildung Nr. 295/2
[15] Alle Angaben Quelle: Statista

Finden Sie es bemerkenswert, wenn Frauen Kinder und Karriere gleichzeitig bewältigen? Die Statistik (1 = trifft überhaupt nicht zu, bis 6 = trifft voll und ganz zu) von Statista 2009, Typologie der Wünsche, zeigt Folgendes auf:

1 - 3 %   2 - 5 %   3 - 12 %   4 - 24 %   5 - 29 %   6 - 28 %

Das spiegelt ein sehr überzeugendes Ergebnis wider.

Die angegebenen Zahlen liegen schon einige Jahre zurück, mögen im Vergleich untereinander trotzdem interessant sein.

Zeigt sich, dass der Kampf nach finanzieller Gleichheit seit Jahren geführt wird.

Immer wieder wird der Unterschied mit dem bisherigen beruflichen Rollenverhalten der Männer begründet. Sind diese Zeiten nicht langsam aber sicher überholt?

Kann es sein, dass ‚Frau' ihre Fähigkeiten im Bewerbungsgespräch nicht überzeugen und selbstbewusst genug anpreist?

Ist es wirklich so, dass Frauen sich schwächer verkaufen als ihre männlichen Mitbewerber? Werden sie von den (oft männlichen) Personalern – gemeint sind die Interviewpartner beim Vorstellungsgespräch – als ‚schwaches' Geschlecht angesehen und damit automatisch in eine geringere Gehaltsstufe eingestuft?

Geben Sie sich einen Schubs

Geben Sie sich selbst einen Schubs im Sinne des Selbstbewusstseins! Werden Sie sich klar darüber, welche Stärken Sie haben und welche Leistungen Sie erbringen können.

Es geht nicht darum, arrogant oder überheblich zu wirken. Nein, im Gegenteil. Aber ein authentisches, selbstbewusstes Auftreten käme vielen ‚netten', zurückhaltenden Kandidatinnen zugute.

Möglicherweise fürchten Sie, damit dem einen oder anderen Personaler auf die Füße zu treten. Vielleicht schon deswegen, weil er solch ein Verhalten von einer Kandidatin nicht gewohnt ist. Das kann schon sein – aber es geht um Ihre Zukunft.

Sie haben es in der Hand, Ihre eigene Zukunft zu gestalten.

Mit entsprechendem Selbstbewusstsein können Sie es schaffen, einen Arbeitsplatz zu finden, auf dem Sie sich optimal etablieren können.

Und zwar bei gleichem Gehalt – egal ob Frau oder Mann.

Viel Erfolg bei Ihrem Selbstmanagement. Nicht vergessen: Selbstwert schafft Fremdwert und damit Wertschätzung.

Geschafft! Studium erfolgreich abgeschlossen

Man muss viel studieren, um wenig zu wissen.
Charles de Secondat, Baron de Montesquieu, frz. Schriftsteller
(1689 - 1755)

Gratulation und Graduation

Studentin Ina dreht sich vor dem Spiegel und fragt ihren Kommilitonen Lukas: „Kleidet mich der Gown gut oder macht er mich zu dick? Hoffentlich ruiniert der Hut wir nicht meine Frisur." In wenigen Tagen steht die feierliche Abschlussveranstaltung, die Graduation, an einem noblen Veranstaltungsort auf dem Plan.

Die Einladungen sind verschickt, einige hundert Gäste werden erwartet. Das Bühnenprogramm steht, die Reden sind vorbereitet. Die Musiker sind informiert, fürs leibliche Wohl ist gesorgt.

Das Programm wird unvergesslich, darf aber nicht vergessen, dass der wichtigste Punkt auf der Gala das Überreichen der Abschlusszeugnisse sein wird. „Bachelor bestanden!"

Gown, akademischer Hut und Quaste

Der Gown, manchmal als Talar bezeichnet ist ein (meist) schwarzer Umhang, der von der Professorenschaft zu feierlichen Anlässen getragen wird. Die zukünftigen Absolventen der Universität kleiden sich (je nach Universität) am Tag der Zeugnisübergabe ebenso mit einem feierlich wirkenden Gown.

Dazu wird ein akademischer Hut (eine Art Doktorhut, in englischer Sprache ‚Mortarboard') getragen, ebenfalls in Schwarz, der oben auf der Kappe von einem flachen, leicht überstehenden Quadrat abgeschlossen wird.

Am Hut hängt eine Quaste, die später im Programm noch eine bestimmte Rolle spielen wird.

Je nach Abschluss (Bachelor oder Master) und/oder Fakultät ist der Gown mit einem farbigen Band geziert. Beispielsweise am Ärmel, am Kragen oder in einer Art Schärpe vorn am Gown.

Quaste rechts und links

Die Kopfbedeckung wird so getragen, dass eine der vier Spitzen des Deckels nach vorne zeigt.

Zu Beginn der Abschlussveranstaltung trägt der Studierende die Quaste am akademischen Hut so, dass sie an seiner rechten Kopfseite nach unten hängt.

Nach dem Überreichen der Urkunde legt der Absolvent die Quaste von rechts nach links. Das Neuausrichten der Quaste symbolisiert den Übergang vom Studierenden zum Absolventen.

Sobald alle Absolventen eines Jahrgangs ihre Abschlusspapiere erhalten haben, versammeln sie sich zu einem Gruppenfoto. Auf ein Zeichen hin werfen alle Absolventen mit festem Schwung ihren Hut hoch in die Luft. Das Studium ist beendet.

Exmatrikulation

Um am studentischen Leben teilnehmen zu können, mussten Sie sich anfangs einschreiben lassen (Immatrikulation). Nun ist das schöne Uni-Leben vorbei; die Ausschreibung erfolgt – Sie werden exmatrikuliert. Bildhaft gesprochen werden Sie von der Liste der Studierenden gestrichen.

Sie mögen sich die Augen reiben und fragen: „Sind die 3 Jahre tatsächlich schon vorbei? Die Zeit verging ja rasend schnell."

Als Sie ins erste Semester eintraten, schien Ihnen die Zeit bis zum Abschluss unendlich lang. 6 Semester, 3 Jahre; wer kann schon so lange voraussehen? Alle möglichen Gedanken kreisten durch Ihren Kopf. Ständig waren Sie damit beschäftigt, sich auf das Studium vorzubereiten und den Ablauf zu verstehen.

Immer wieder standen Klausuren an, auf die Sie sich gut vorbereiten mussten. Nicht immer gelang es Ihnen auf Anhieb, die Klausur in Ihrem Sinne zu bestehen. Die eine oder andere Nachprüfung folgte. Das bedeutete natürlich zusätzlichen Stress.

Vielleicht haben Sie sich manchmal die Frage gestellt, ob der gewählte Studienzweig der richtige ist. Oder es kamen Ihnen Gedanken, dass ein Leben ohne Lernen und Prüfungen auch seine Vorteile haben könnte.

Aus heutiger Sicht ist das alles egal. Sie haben es geschafft! Rückblickend mögen Sie denken, dass es doch gar nicht so schwierig war.

Was würde die Zukunft bringen? Vielleicht haben Sie schon einen Arbeitsvertrag in der Tasche? Oder Sie sind noch in Verhandlung? Oder aber Sie haben den richtigen Arbeitsplatz noch gar nicht finden können.

Denken Sie daran, ein Masterstudium anzuhängen? An derselben oder doch lieber an einer anderen Universität, vielleicht sogar im Ausland?

Gründen Sie ein Start-Up oder steigen Sie in das Unternehmen Ihrer Eltern ein? Hat möglicherweise schon der erste Headhunter mit Ihnen Kontakt aufgenommen?

So wie vor dem Studium, gibt es nach ihm auch scheinbar endlos viele Möglichkeiten, das Leben weiter zu gestalten.

Trotz aller gut gemeinten Tipps und Ratschläge ist es am Ende doch Ihre eigene Entscheidung, wie sie die Weichen für Ihr weiteres Leben stellen.

Wie auch immer Sie sich entscheiden werden, vergessen Sie Ihre (jetzt ehemaligen) Kommilitonen nicht. Sie durften ein paar Jahre zusammen verbringen. Eventuell kreuzen sich auch später Ihre Wege.

Alumni-Verein

Mit der Übergabe des Abschluss-Diploms ist zwar Ihre Studienzeit an der Hochschule mehr oder weniger abgeschlossen. Dann sind Sie weg von der Universität. Für immer. Für immer? Nein, das muss und soll nicht sein, denn es gibt ja den Alumni-Verein.

Studierende haben nämlich einen fantastischen Vorteil.

Spätestens dann, wenn sie Absolventen sind, können sie als Alumni, als männlicher Alumnus oder weibliche Alumna, dem Alumni-Verein ihrer Universität beitreten.

Sie treffen dort auf ehemalige Studierende, davon ein Großteil berufstätig, die einen vergleichbaren Ausbildungs-Abschnitt hinter sich haben, nämlich die Zeit an derselben Universität.

Durch diese Gemeinsamkeit können Kontakte direkt – häufig auf Du-Basis – geknüpft und ausgebaut werden. Eine gegenseitige berufliche Unterstützung ist in der Regel gewünscht (und eventuell auch erwartet), sowie die Unterstützung der Universität durch die Alumni.

Ein gut arbeitender Alumni-Verein unterstützt aktiv die ehemals besuchte Einrichtung und deren Studierende. Im Idealfall entsteht eine echte Win-win-Situation. Alumni – eine Verknüpfung fürs Leben.

Drei Jahre bis zur Diplomübergabe

Wer zu früh Erfolg hat, fängt an, sich selbst zu kopieren.
Friedensreich (Regentag Dunkelbunt) Hundertwasser
(bürgerlich: Friedrich Stowasser), österr. Künstler
(1928 - 2000)

Das Abschlusszertifikat in der Hand

Liebe Leserin, lieber Leser, Sie haben es geschafft. Zumindest in diesem Buch bis zu dieser Seite. Und damit sind Sie gedanklich durch die studentische Zeit gewandert.

Viele Akademiker bezeichnen rückblickend ihre Studienzeit als eine der schönsten Zeit ihres Lebens. Manches Erlebtes wird verklärt, Schönes wird im Laufe der Jahre noch schöner, unangenehmere Erinnerungen werden verdrängt.

Eines ist sicher: Ihr jugendliches Alter wird sich nicht wiederholen. Daraus folgt, dass Sie trotz allen Lernens und sonstiger Herausforderungen während des Studiums die Zeit genießen sollten.

Behalten Sie trotz aller Ernsthaftigkeit Ihre jugendliche Unbedarftheit so lange es irgend geht. Knüpfen Sie Freundschaften, halten Sie Kontakte – wer weiß, wofür sie Ihnen einmal hilfreich sein werden.

In wenigen Jahren werden Sie erkennen, dass das Leben schneller verläuft als ursprünglich angenommen. Dann werden Sie sich selbst sagen hören: „Damals, als Student/in habe ich ..." Ja damals, diese Zeit lässt sich nicht wiederbringen. Aber noch ist es nicht so weit. Noch sind sie jung und stehen am Anfang Ihrer beruflichen Karriere. Nutzen Sie die Möglichkeiten, machen Sie das Beste daraus und picken sich aus allem Gelernten das heraus, was für Sie und Ihre Persönlichkeit am besten passt.

Danke, liebe Leserin, lieber Leser, dass Sie dieses Buch gelesen haben. Haben Sie Tipps und Anregungen, dieses Buch zu ergänzen? Dann lassen Sie es uns wissen. In der Zwischenzeit wünschen wir Ihnen alles Beste für Ihren Lebensweg, sei es an der Hochschule oder später in Ihrem beruflichen Leben.

Stichwortverzeichnis

Knigge als Synonym und als Namensgeber

Umgang mit Menschen

Suche weniger selbst zu glänzen, als andern Gelegenheit zu geben,
sich von vorteilhaften Seiten zu zeigen, wenn Du gelobt werden und gefallen willst
Adolph Freiherr Knigge, aus dem Buch „Über den Umgang mit Menschen", 1788
(1752 - 1796)

Adolph Freiherr Knigge

Schon zu seinen Lebzeiten war Adolph Freiherr Knigge (1752 – 1796) umstritten. Knigge setzte sich durch sein energisches Eintreten für die Ziele der Aufklärung, so wie er sie verstand, scharfen Angriffen aus. Er arbeitete als Romanschriftsteller und Satiriker, sowie als politischer Schriftsteller. Er gehörte den Freimaurern an. Heute ist Knigge vor allem seines Buches wegen ‚Über den Umgang mit Menschen' (1788) bekannt. Und zwar deswegen, weil sein Werk als Etikette-Buch angesehen wird.

Knigge verdankt seinen heutigen Ruf und Erfolg aber einem Missverständnis. Denn: Das Werk Adolph Freiherr Knigges gilt als Etikette-Buch ersten Rangs. Allerdings beschreibt Knigge keine Regeln wie mit Besteck umzugehen ist, oder das Verhalten bei Tisch, stattdessen offenbart er eine praktische Lebensphilosophie im Umgang mit Mitmenschen. Er gibt Anleitungen und Anregungen, wie mit seinen Mitmenschen richtig umzugehen ist. Knigge hoffte damit, dass die Menschen glücklich und froh miteinander leben könnten. Sein Buch erschien 1788 und war schon kurze Zeit in fast allen Haushalten zu finden. Über 200 Jahre lang prägte sich sein Buch im Bewusstsein der Leser als praktisches Handbuch über gutes Benehmen ein.

In drei Teilen seines Buches hat Knigge über den Umgang mit verschiedenen Menschengruppen geschrieben, zum Beispiel:

Über den Umgang mit Leuten von verschiedenen Gemütsarten, Temperamenten und Stimmungen des Geistes und des Herzens (Erster Teil, 3. Kapitel)

Über den Umgang mit Frauenzimmern (Zweiter Teil, 5. Kapitel)

Über das Verhältnis zwischen Wohltätern und denen, welche Wohltaten empfangen; wie auch unter Lehrern und Schülern, Gläubigern und Schuldnern (Zweiter Teil, 10. Kapitel)

Über den Umgang mit den Großen der Erde, mit Fürsten, Vornehmen und Reichen (Dritter Teil, 1. Kapitel)

Obwohl es heute klar ist, dass Knigge anderes verfolgte, als wir unter seinem Namen verstehen, soll ‚Knigge' als Synonym für den Bereich stehen, dem sich das vorliegende Buch widmet.

12 Ratgeber in der kleinen Knigge-Reihe

Der kleine ... -Knigge [2100] (Je € 9,70; 88 Seiten, 12x19 cm, kartoniert)

Anstands- und Banausen-Knigge [2100]
Business- und Kunden-Knigge [2100]
Büro- und Kollegen-Knigge [2100]
Gäste- und Gastgeber-Knigge [2100]
Gesellschafts- und Freunde-Knigge [2100]
Outfit- und Stil-Knigge [2100]

Interkulturelle- und Auslands-Knigge [2100]
Bewerbungs- und Vorstellungs-Knigge [2100]
Event- und Feste-Knigge [2100]
Gastro- und Tischsitten-Knigge [2100]
Speisen- und Exoten-Knigge [2100]
Trinkkultur- und Getränke-Knigge [2100]

12 x kleines Handbuch der Rhetorik 2100

Der kleine Handbuch der Rhetorik [2100] (Je € 9,70; 100 Seiten, 12x19 cm)

Erfolgreich reden „Die Kunst, flott vorzutragen"
Körpersprache einsetzen „Mit Händen und Füßen sprechen"
Gezielt trainieren „Ich will endlich erfolgreich präsentieren!"
Nervosität austricksen „Mir zittern die Knie"
Begeistert überzeugen „Das rhetorische Feuer entfachen"
Unterschwellig manipulieren „Ich kriege dich schon!"

Wahrnehmung verzerren „Ich glaub' nur, was ich sehe."
Einwände entkräften „Das ist doch gar nicht machbar! – Oder doch?"
Gespräche führen „Zielorientierte und zeitsparende Gesprächslenkung"
Meetings leiten „Besprechungen erfolgreich führen"
Geschicktes Nudging „Das versteckte Anschubsen"
Interviews führen „Darf ich Sie mal fragen?"

4 Ratgeber in der Ego-Management-Reihe

Persönlichkeits-Management – Ego-Knigge [2100] Soft Skills, Selbst-Reflexion und Selbst-Bewusstsein
Stress-Management – Ego-Knigge [2100] Lampenfieber, Stressoren, Gerüchte, Mobbing, Burnout, Stressvermeidung
Zeit-Management– Ego-Knigge [2100] Umgang mit der Zeit, Organisation von Arbeitsabläufen, Perfektionismus, Zielsetzung
Gedächtnis-Management – Ego-Knigge [2100] Gehirn, Intelligenz, Schwachsinn – Hochbegabung, Gedächtnis, Lerntechniken. Jeder Ratgeber € 14,90, 104 Seiten, A5, kartoniert

4 Ratgeber in der Reihe Lebenseinstellung

Aberglauben-Knigge [2100] Von schwarzen Katzen, der linken Hand des Teufels und den Glücksbringern
Lügen- und Egoismus-Knigge [2100] Überleben durch Flunkern, Schummeln und Täuschen! Macht, Respekt, Wertschätzung? Lebenslüge und Lebensschutz
Glücks-Knigge [2100] Vom Glücklichsein, positiven Denken und von Freundschaften
Angst- und Optimismus-Knigge [2100] Die Furcht beherrschen, Ängste nutzen und positiv durchs Leben gehen.
Jeder Ratgeber € 12,95, 160 Seiten, A5, kartoniert

3 Ratgeber Bräutigam, Braut und Brautpaar

Bräutigam-Knigge [2100] Verlobung und Polterabend, Schwiegereltern und das Ja-Wort, Hochzeits-Outfit und Hochzeits-Kutsche
Braut-Knigge [2100] Brautkleid und Accessoires, Das große Hochzeitsfest, Höhepunkte und Hochzeitstanz
Brautpaar-Knigge [2100] Historisches und Sonderbares, Planung und Organisation, Aberglaube und Hochzeitsbräuche. Jeder Ratgeber € 15,90, 104 Seiten, A5, kartoniert

2 Ratgeber Selbst-Coaching

Selbstbewusstsein Knigge [2100] Ich bin, ich kann, ich will. Das eigene Leben bestimmen, Soft Skills, The Winner 1, € 12,95; 120 Seiten A5
Selbstwertgefühl Knigge [2100] Steh auf! – Werde aktiv! – Zeige Profil! Das eigene Leben beeinflussen, Motivation, The Winner 2, € 12,95; 120 Seiten A5

Leben und Lifestyle

Das kleine Knigge-Quiz [2100] € 9,70; 96 Seiten, 12x19 cm, kartoniert

Jugend-Knigge [2100] Knigge für junge Leute und Berufseinsteiger, € 15,90; 152 Seiten

Zukunfts-Knigge [2100] Verfall der Sitten und Verlust der Wertschätzung? Umgangsformen in 100 Jahren. Zusammenleben mit Menschen, Maschinen und menschenähnlichen Robotern, € 14,95; 172 Seiten A5 kartoniert

Wertschätzung-Knigge [2100] Gleichberechtigung, Gender und Respekt, Sexuelle Orientierung, Umgang bei Diskriminierung und Mobbing, € 14,95; 152 Seiten A5

Hochzeits-Knigge [2100] Hochzeitsbräuche, Geschenke, Brautjungfer, Trauung, Festgäste und Festmahl, € 29,95; 310 Seiten A5

Ü65- und Senioren-Knigge [2100] Die junge Alten und die alten Jungen, Kommunikation und Verständnis zwischen den Generationen, Einsamkeit und technischer Fortschritt, € 19,95; 180 Seiten A5

Blumen-Knigge [2100] Historisches, Mystisches, Festliches, Blumen-Sprache, Umgang mit Blumen-Präsenten, € 19,95; 144 Seiten A5

Bekleidung! Ausdruck der Persönlichkeit – Lukas' Outfit-Knigge [2100], € 19,95; 196 Seiten A5

Nudel-Knigge [2100] Himmlische Teigwaren, € 17,95; 140 Seiten A5

Der Interkulturelle Kompetenz-Knigge [2100] Kultur, Kompetenz, Eindrücke – Gesten, Rituale, Zeitempfinden – Berichte, Tipps, Erlebnisse, € 29,95; 240 Seiten A5

China-Deutschland-Knigge [2100] Chinesen in Deutschland, € 12,90; 104 Seiten A5

Dschungel-Knigge [2100] Umgang in ungewohnter Umgebung, € 23,95; 192 Seiten A5

Der Dicke-Knigge [2100] Aus dem prallen Leben des Dicken, € 15,90; 104 Seiten A5

Typisch Frau – Typisch Mann Knigge [2100] Unterschiede und Gemeinsamkeiten im Umgang mit dem anderen Geschlecht, € 12,95; 128 Seiten A5

Kulinarischer und Gastronomischer Knigge [2100] Von Events, Feiern, Aperitif über Esskultur, Speisen und Getränken zu zeitgemäßen Tischsitten, € 26,50; 284 Seiten A5

Klo- und Pinkel-Knigge [2100] Vom privaten und öffentlichen Bedürfnis - Umgangsformen im Tabu-Bereich, € 13,50; 104 Seiten A5

Omi hüpf' mal Märchen meiner Großmutter, Erlebnisse ihre Jugend und wahre Geschichten meines Vaters von und über Omi Rickchen, Hardcover, € 29,95; 312 Seiten

Der Hunde-Knigge [2100] Umgang mit dem Hund – Hundesprache – Der Hund in der Gesellschaft, € 17,95; 180 Seiten A5

Welcome to Germany-Knigge [2100] Umgangsformen, Verhaltensmuster und gesellschaftliches Miteinander im deutschsprachigen Europa, € 11,99; 108 Seiten A5

Besuch willkommen Knigge [2100] Einladung, Gast, Geschenk, Empfang, Feier, Gastfreundschaft, € 14,95; 200 Seiten A5

Mensch, Macht, Mörder [2100] Verfall der Umgangsformen?, € 14,90; 260 Seiten A5

Leben, Tod und Ansichten Austausch mit Berühmtheiten über Wichtiges und Unwichtiges im Leben, € 12,95; 116 Seiten A5

Leben, Tod und Überlegungen Austausch mit Berühmtheiten über Größe, Ewigkeit und Spaß im Leben, € 12,95; 116 Seiten A5

Tod, Trauer, Totenkult-Knigge [2100] Sterben, Trost, Takt, Bestatten, Tradition, Vorsorge, Tabus, Vergänglichkeit und Sonderbares, € 17,95; 212 Seiten A5

Leben und Lifestyle

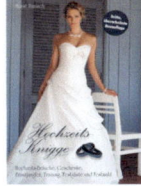

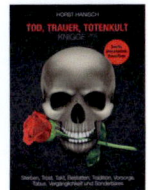

Rhetorik, Soft Skills, Hochschule, Beruf

Rhetorik ist Silber Von den ersten Schritten zu einer perfekten Präsentation, € 17,90; 144 Seiten A5, kartoniert, Zeichnungen
Moderation ist Gold Gesprächsführung, Umfragen, Talkrunden und Manipulation, € 17,90; 144 Seiten A5, kartoniert, Zeichnungen
Lebhafte Körpersprache in Vorträgen, Präsentationen, Gesprächen, € 17,90; 144 Seiten A5, kartoniert, ca. 290 Zeichnungen
Rhetoric – Mastering the Art of Persuasion, € 22,90; 144 Seiten A5, kartoniert
Discussion – Mastering the Skills of Moderation, € 22,90; 144 Seiten A5, kartoniert, Zeichnungen
Body Language in Europe, € 22,90; 144 Seiten A5, kartoniert, ca. 290 Zeichnungen
Körpersprache – Lüge, Verrat, Macht, Im Beruf, vor Gericht, beim Flirt – Gewinnerpose und Demutshaltung – Drohung und Zuneigung; € 29,95; 364 Seiten A5, kartoniert, über 400 Zeichnungen
Das große Buch der Rhetorik [2100] Tacheles reden; Präsentieren; manipulieren und überzeugen, € 37,45; 332 Seiten A5, kartoniert, viele Darstellungen
Trickreiche Rhetorik [2100] Psychologische Gesprächsführung, manipulierende Darstellung, unaufdringliches Nudging, € 37,45: 300 Seiten A5, kartoniert, Zeichnungen
Soft Skills-Knigge [2100] Soziale, Persönlichkeit, Selbstmanagement, € 37,45; 324 Seiten A5, kartoniert, viele Darstellungen
Schlagfertigkeit-, Spontaneität-, Stegreif-Knigge [2100] Impulsiv handeln, verbale Angriffe kontern, Störungen entwaffnen, € 13,50; 104 Seiten A5
Pitch Skills und Überzeugungs-Knigge [2100] Elevator Pitch, Geldgeber beeindrucken, Feuer versprühen, € 13,50; 128 Seiten A5, kartoniert
Smalltalk-Knigge [2100] Vom kleinen Gespräch bis zum charmanten Flirt - Kontakt ausbauen, Sympathie zeigen, Begehrlichkeit wecken, € 13,50; 100 Seiten A5
Quassel-Knigge [2100] Quasseln, Quatschen, Quengeln oder Lebenswichtige Kommunikation – Gezielt eingesetzte Rhetorik – Aussagekräftiges Profil zeigen, € 13,50; 112 Seiten A5
Hochschul-Knigge [2100] Studentischer Umgang in und außerhalb der Hochschule am Beispiel der Cologne Business School, 132 Seiten A5, kartoniert, Fotos
Jugend-Karriere-Knigge [2100] Schule und Studium, Netzwerk und Klüngel, Erfolg und Risiken, € 19,95; 224 Seiten A5, kartoniert, Zeichnungen, Checklisten
Bewerbungs-Knigge [2100] **für Frauen – Tina bewirbt sich / Bewerbungs-Knigge** [2100] **für Männer – Tom bewirbt sich,** Vorbereitung, Wahl der Kleidung, Verhalten beim Bewerbungsgespräch, je € 19,70; 128 Seiten A5, kartoniert, Fotos, Checklisten
Kreativitäts-Knigge [2100], Visionärhaft denken, Scheuklappen sprengen, Mentales Risiko eingehen, € 14,95; 164 Seiten A5, kartoniert
Team und Typ-Knigge [2100], Ich und Wir, Typen und Charaktere, Team-Entwicklung, € 14,95; 128 Seiten A5, kartoniert, viele Darstellungen
Die flotte Generation Y im 21. Jahrhundert, selbstbewusst – lebensbetonend – flexibel. Wie mit der Generation Y zielorientiert und erfolgreich gearbeitet werden kann, € 12,95; 116 Seiten A5, kartoniert, Zeichnungen
Die flotte Generation Z im 21. Jahrhundert, entscheidungsfreudig – effizient – eigenverantwortlich. Wie mit der Generation Z zielorientiert und erfolgreich gearbeitet werden kann, € 12,95; 140 Seiten A5, kartoniert, Zeichnungen

Rhetorik, Soft Skills, Hochschule, Beruf

Englisch:

Beratung, Coaching, Seminar

seit 1987
Horst Hanisch Seminare

Wer hat nicht gerne mit Menschen zu tun, die selbstbewusst und selbstsicher mit anderen Menschen umgehen?
Geschäftspartnern, die die elementaren Regeln des ,Benimms' beherrschen, stehen die Türen zum Erfolg offen.
Unternehmen, die neben ihrer fachlichen Leistung auch ,menschlich' überzeugen wollen, bieten wir für ihre Mitarbeiterinnen und Mitarbeiter aktives Training im Umgang mit Kunden, Gästen, Kollegen und Gesprächspartnern an.
Auf unserer Website informieren wir Sie über unsere Angebote:

- Firmen-Internes-Training
→ Business-Etikette und das Lehrmenü
→ Präsentieren, Moderieren, Kommunizieren
→ Körpersprache und ihre Geheimnisse
- Offen ausgeschriebene Seminare
→ Teuflische Rhetorik
→ Flottes Reden vor und zu anderen
→ Der erste Eindruck

→ Ladies Power
- Individuelles Einzelcoaching
→ Authentisches Auftreten
→ Dress for Success
→ Verhandlungstechniken
→ Persönlichkeit
- Interkulturelles Training
- Freundlichkeits-Checks in Unternehmen
- Workshops
→ Soft Skills

→ Team-Training
- Intensiv-Training für
→ TV-Auftritte
→ Vorträge
→ Präsentationen
→ Reden
- Fachliteratur und Arbeitsunterlagen
- Vorträge/Speaker
→ Vor kleinem und vor großem Publikum

Individuelles Coaching für Einzelpersonen: Und, wer es ganz individuell mag, greift zurück auf ein Einzel-Coaching. Hier werden ganz persönliche Herausforderungen angegangen, mit Themen wie:

- Interkulturelle Kompetenz
- Selbstsicheres Auftreten
- Präsentations-Techniken
- Erfolgreiche Verhandlungsführung

- Der Erste Eindruck
- Bewerbungstraining
- Rhetorik und Überzeugungskraft

und andere Themen – direkt auf die besonderen Bedürfnisse des Einzelnen zugeschnitten.
Besuchen Sie uns auf www.knigge-seminare.de

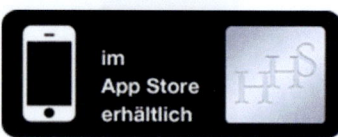